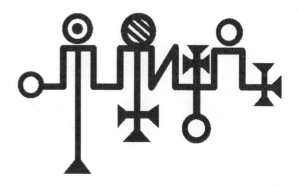

JIAONI DUDONG HE ZHANGKONG
ZHOUWEI DE REN

教你读懂和掌控周围的人

刘海清 编著

光明日报出版社

图书在版编目（ＣＩＰ）数据

教你读懂和掌控周围的人 / 刘海清编著 . –– 北京：光明日报出版社，2012.1
（2025.1 重印）

ISBN 978-7-5112-1881-0

Ⅰ . ①教… Ⅱ . ①刘… Ⅲ . ①人际关系－通俗读物 Ⅳ . ① C912.1-49

中国国家版本馆 CIP 数据核字 (2011) 第 225289 号

教你读懂和掌控周围的人

JIAONI DUDONG HE ZHANGKONG ZHOUWEI DE REN

编　著：刘海清

责任编辑：李　娟　　　　　　　　　　责任校对：华　胜
封面设计：玥婷设计　　　　　　　　　封面印制：曹　净

出版发行：光明日报出版社
地　　址：北京市西城区永安路 106 号，100050
电　　话：010-63169890（咨询），010-63131930（邮购）
传　　真：010-63131930
网　　址：http://book.gmw.cn
E－mail：gmrbcbs@gmw.cn
法律顾问：北京市兰台律师事务所龚柳方律师

印　　刷：三河市嵩川印刷有限公司
装　　订：三河市嵩川印刷有限公司
本书如有破损、缺页、装订错误，请与本社联系调换，电话：010-63131930

开　　本：170mm×240mm
字　　数：200 千字　　　　　　　　　印　张：14
版　　次：2012 年 6 月第 1 版　　　　印　次：2025 年 1 月第 3 次印刷
书　　号：ISBN 978-7-5112-1881-0
定　　价：45.00 元

前 言

我们生活在一个复杂的世界里，而世界上最复杂的又莫过于人性。在生活中，人性的弱点常常被演绎得淋漓尽致。你会看到这样一些镜头：有些人，在内心利益的驱动下，戴上伪善的面具，成为一只披着羊皮的狼；有些人当面对你毕恭毕敬、恭维有加，转过身去便开始说你的坏话；有些人表面上诚惶诚恐，却心怀鬼胎；还有一些人，他们并不是有意要伤害你，却喜欢无中生有，传播流言飞语……

你能透过面具看清这些人的真面目吗？你能了解他们的内心世界并掌控他们的思维动态吗？如果不能，那你必定会在现代社会竞争或人际交往中受制于他人。

综观古今，凡成大事者，都在识人和用人方面用足了力气，下足了工夫，以确保自己"万无一失"。在他们看来，人生最大的痛苦之一，就是认错了人，被人伤害。

人与人之间的相互纠缠，往往是最折磨人的，它可以让你忐忑不安，甚至使你的生活混乱不堪。因此，我们要做的第一件事就是：读懂你周围的人，审时度势，摸透他们的心思，进而掌控他们。这样你的一生就不会为人际关系所累，不会做下一大堆令自己追悔莫及的事，更不至于被别有用心的人所伤。

正如美国著名人际行为学家乔治·沃尔夫在他的《人的多面性》一书中所说的："你周围的人，是一个复杂的组合群体。他们既是你必不可少的生活伙伴，又是你需要留心的对手。只有靠自己的眼力和心力，才能'解剖'其所言、其所想、其所行，否则，即使你的防护盾牌再坚固，也会被人射穿。"

那么，如何才能读懂别人的心思，掌控自己周围的人，并在人际交往和社会竞争中占据主动呢？

《教你读懂和掌控周围的人》就是为处于激烈的社会竞争和复杂的人

际关系中的你量身打造的。本书全面讲述了识别人心的方法，你可以通过大量的事例了解到人性的复杂及其根源，学会如何洞察人们的心理规律，洞悉他人的长短优劣；你会从中学到处世的方与圆，怎样把握表现与收敛的度，如何识别防范周边的小人、识破别人的谎言、听懂弦外之音，以避开周围人设下的陷阱；你会懂得如何建立威信、施与影响力，进而掌控你周围的人。

另外，在本书中，你还可以了解到如何与领导、同事、下属、朋友、客户、同学、亲人、陌生人等周围最常见的人相处，懂得如何洞察他们的内心，并自信自如地与他们交往，从而营造和谐的人际关系。

在人的世界里，你必须了解人性的真相，学会读懂和掌控人心。唯有如此，你才能识别各式各样的陷阱和危险，提高自己做人办事的眼力和心力，一步一步落实自己的人生计划。

目 录

第一章 读懂他人是为了更好地掌握主动

第二章 怎样识别你周围的人

第三章　明白意图，掌控与他人交往的方略

第四章　低调处世，于不知不觉中掌控他人

第五章　如何识别对方的谎言

第六章　小人不可不防

第七章　善于听出弦外之音

第八章　巧舌是最妙的操纵术

第九章　施与影响力才是掌控之道

第十章　如何有效掌控生活中的 9 种人

第十一章　和成功者在一起

第十二章　"管理"上司是把双刃剑

第十三章　这样掌控同事最有效

第十四章 "制伏"下属是一门学问

第十五章 掌控客户，钓住那条大鱼

第一章

读懂他人是为了更好地掌握主动

大千世界，芸芸众生，错综复杂的人际关系使每个人在与人交往时都不自觉地戴上一幅假面具，把真实的自己深深隐藏。只有练就一双识人的慧眼，才能准确地读懂他人，敏锐地识别各种各样的人，才能更好地掌握主动。

人往往并不直接表现自己

为人处世最难的莫过于"知人心"，"人心难测"、"人心叵测"、"知人知面难知心"等词语，正说明了这个道理。其实，从心理学角度讲，人心既有可知的一面，又有不可知的一面，既有共性，也有特性。由于社会的复杂性和个人经历的复杂性，人心具有一些特殊性，即有悖常理的心思、心态和心情，如莫名恼怒、仇恨自己和仇恨社会等。有人把人心比作一泓深潭，里面游动着哪些生物，谁也说不清楚。

人的复杂性并不仅仅表现在生理构造上，更重要的还在于心理上表现出的复杂性，而这种复杂则具有抽象意义和不确定因素。因此，当你不了解某人时，最好不要轻易被他的表象左右了你的判断。因为，这种表象很可能是一种假象。

美国心理学者奥古斯特.C.伯伊亚曾经做过一个实验，让几个人用表情表现愤怒、恐怖、诱惑、漠不关心、幸福、悲哀，并用录像机录下来，然后，让人们猜哪种表情是表现哪种感情的。

结果是，每人平均只有两种判断是正确的，当表演者做出愤怒的表情时，看的人却认为是悲哀的表情。

人是一个矛盾的综合体。人们的喜怒哀乐，远非自身所表现出来的那么简单。欢笑并不一定代表高兴，流泪并不一定代表伤心，鞠躬并不一定代表感谢，拍手并不一定代表赞赏……为此，你要认真分析，学会识别人心，掌握一些辨识他人行为的本领。而这种本领是你轻松掌控别人，进而掌控生活主动权的必备武器。

人心隔肚皮

俗话说，"人心隔肚皮"，知人知面未必就能知心，而知心才是最重要的。一个人被陌生人捅了一刀只是皮肉伤，若是被最亲密的朋友捅了一刀，就犹如万箭穿心，那才叫作"伤心"。

人是形形色色的，有刚直的人，有卑鄙的人，有勇悍的人，有懦弱的人，有豪侠的人，有小心眼的人，有木讷的人，有果断的人，有诚实的人，有狡诈的人……面对形形色色的人，你只有用"心"审视他，详察他，明辨他，而后慎用他，才能在人际交往中始终立于不败之地。

假如，和我们交往的是位品德高尚、见义勇为、助人为乐的人，即使其外表并不英俊潇洒，我们也会与之和谐相处。但假如我们所见到的是一个虚伪而自私的人，尽管此人仪表堂堂，举止文雅，我们只会觉得他道貌岸然、虚伪狡猾。

由此可见，人的本质平时都隐藏着，看不见又摸不着。你必须看到他的行为，又要猜测他的意图，才能了解他的心；必须既看到他的外表，又要看到他的内心，才能吃透他的本意。

唐玄宗时，有李适之和李林甫两位宰相共同辅政，李适之为左相，李林甫为右相。

当时，唐玄宗沉湎酒色，穷奢极欲，弄得国库日渐空虚。满朝文武都很着急，日夜思谋开源节流之计。最后，皇上也感觉到了财政危机，下诏让两位宰相想办法。

形势所迫，二人都很着急。但李林甫最关心的却是如何斗倒政敌，独揽大权。看着李适之像热锅上的蚂蚁，李林甫生出一条毒计来。

散朝之后，二人闲扯，李林甫装作无意中说出华山藏金的消息。他看到李适之眼睛一亮，知道目的达到了，便岔开话题说别的。

李适之性情疏率，果然中计，忙不迭回家，洗手磨墨写起奏章来，陈述了一番开采华山金矿，以应国库急用的主张。

唐玄宗一见奏章大喜，忙召李林甫来商议定夺。李林甫看了奏章，装出欲言又止的样子："这个——"

玄宗急催："有话快讲！"

李林甫压低了声音装作神秘地说："华山有金谁不知？只是这华山是皇家龙脉所在，一旦开矿破了风水，国祚难测，那——"

"噢，"玄宗听罢一激灵，"是这样。"继而点头沉思。

那时，风水之说正盛行，认为风水龙脉可泽及子孙，保佑国运。今听得李适之出了这样的馊主意，玄宗心中当然不高兴。李林甫见有机可乘，忙说："听人讲，李适之常在背后议论皇上的生活末节，颇有微词，说不定，这个开矿破风水的主意是他有意——""别说了！"玄宗心烦意乱，拂袖到后宫去了。李林甫见目的达到，心中暗喜，点着头走了。

自此，玄宗见了李适之就觉得不顺眼，最后找了个过错，把他革职了。朝廷实权，便落在了李林甫手中。

李林甫是典型的"口蜜腹剑"之人，所以对这种人一定要多长心眼，多加提防。而且，李适之显然知道他与李林甫之间的利害冲突，但他就是"性情疏率"，才会轻信了李林甫的话，结果被革职了还不知道所以然。

希腊有句古话，"很多显得像朋友的人其实不是朋友，而很多是朋友的倒并不显得像朋友"。很多人在危难的时候才发现，背叛自己、出卖自己的往往是昔日自己十分信赖的朋友，而曾经被怀疑的人却成了自己的救星，真是可笑又可悲。世上有很多人心口不一、表里不同，要看出来真的很难，因此，切不可轻信他人。

处世需要辨别真伪

"草萤有耀终非火，荷露虽团岂是珠。"生活中，我们常常会被一些看上去"差不多"的假象所迷惑，错把现象当本质，从而掩盖了对真相的了解和认识，这种情况在生活中屡见不鲜。

生活中有些人可以与你共享乐，危机时刻却不愿与你共患难；有些朋友为求利益与你反目成敌，在诽谤中你争我夺；某些人是酒肉朋友，表面上与你把酒言欢，称兄道弟，其实只是虚情假意，另有所图。

通常情况下，人们都很难从对方的表情或者言谈举止来断定其心情和意图。难过的时候，他可能微笑着面对周围的人；兴奋的时候，他也可能故作沉思低头不语。因此，某些时候一个人说出来的话、做出来的事不一定出自内心的本意。在社会的舞台上，人人都戴上了虚伪的面具，这面具随着年龄的增大，生活阅历的增多，戴得越来越巧妙，越来越难以被人发觉，这就增加了我们处世的难度。

你或许看到每个人都面带微笑向你走来，那面孔无论是熟悉还是陌生；看到中途相遇的双方，相互拍肩问候，溢美之词不绝于耳，无论是故友还是初识；看到请求帮助时，对方拍胸顿首、信誓旦旦地承诺。在人际交往中，你以不设防的真诚向朋友敞开心扉，然而，当你在人生路上栽了跟头，才发觉那微笑原来并非发自于内心，那问候和赞美背后深藏着陷阱。

这便是生活的复杂性，它向我们展示了一幅难以琢磨的图画。于是，辨识朋友真伪、提防落入他人陷阱就成为社交活动中不可或缺的一部分。

春秋末年，晋国中行文子被迫流亡在外，有一次，经过一座界城时，他的随从提醒他道："主公，这里的官吏是您的老友，为什么不在这里休息一下，等候后面的车子呢？"中行文子答道："不错，从前此人待我很好，我有段时间喜欢音乐，他就送给我一把鸣琴；后来我喜欢佩饰，他又送给我一些玉环。这是投我所好，以求我能够接纳他，而现在我担心他要出卖我去讨好敌人了。于是我就很快离去。"果不其然，这个官吏派人扣押了中行文子后面的两辆车子，献给了晋王。

在普通人当中，如中行文子这般洞明世事的人并不多见。中行文子在落难之时，能够推断出"老友"的出卖，避免了被其落井下石的灾难。对此，我们可以得到如下启示：当某位朋友刻意投你所好，尤其是你正处高位时，那他多半是因你的地位而结交，而不是看中你这个人本身。这类朋友很难在你危难之时施以援手。

话又说回来，通过逆境来检验人心，尽管代价高、时日长，又过于被动，然而其可靠程度却大于依推理所下的结论。因此我们说："倒霉之时测度人心不失为一种稳妥的方法。"

然而，人再怎么隐藏本性，终有露出真面目的一天，就像前台演员一样，一到后台便把面具拿下来。假面具拿下来，真性情便出现了。因此，只有经过长期观察或急风暴雨的清洗，才能了解一个人的本质，发现其本质、辨识其真伪。

谁都想掩盖自己的底牌

曾有一位著名作家说过："人生是个双面舞台，扮演英雄的人，总是费尽心机地将自己小人的那一面遮掩起来。"的确，这个世界充满了诡诈和陷阱，人们为了成功或者为了谋取自己的利益，都想掩饰好自己的内心，藏好底牌，以待关键时刻露出制胜的一手。

司马懿装病夺权就是一则有名的掩藏自己底牌的故事。

魏明帝时，曹爽和司马懿同执朝政。司马懿被升为太傅，其实是明升暗降，军政大权落入曹爽家族。司马懿见此情景，便假装生病，闲居家中等待时机。

曹爽骄横专权，不可一世，唯独担心司马氏。正值李胜升任荆州刺史，曹爽便叫他去司马府辞行，实为探听虚实。司马懿明晰实情，就摘掉帽子，散开头发，拥被坐在床上，假装重病，然后请李胜入见。

李胜拜见过后，说："一向不见太傅，谁想病到这般。现在小子调做青州刺史，特来向太傅辞行。"

司马懿佯答："并州靠近北方，务必要小心啊！"

李胜说："我是往青州，不是并州！"

司马懿笑着说："你从并州来的？"

李胜大声说："是山东的青州！"

司马懿笑了起来："是青州来的？"李胜心想：这老头儿怎么病得这般厉害？都聋了。

"拿笔来！"李胜吩咐，并写了字给他看。

司马懿看了才明白，笑着说："不想耳都病聋了！"手指指口，侍女即给他喝汤，他用口去饮，又吐了满床，噎了一番，才说："我老了，病得又如此沉重，怕活不了几天了。我的两个孩子又不成才，望先生训导他们，如果见了曹大将军，千万请他照顾！"说完又倒在床上喘息起来。

李胜拜辞而回，将情况报告给曹爽，曹爽大喜，说："此老若死，我就可以放心了。"从此对司马懿不加防范。

司马懿见李胜走了，就起身告诉两个儿子说："从此曹爽对我真的放心了，只等他出城打猎的时候，再给点厉害让他尝尝。"

不久，曹爽护驾，陪同明帝拜谒祖先。司马懿立即召集昔日的部下，率领家将占领了武器库，威胁太后，消除曹爽羽翼，然后又骗曹爽，说只要交出兵权，并不加害他。等局势稳定了，就把曹爽及其党羽统统处斩，掌握了魏朝军政大权。

古代的奸贼在皇帝面前往往是以忠臣的面孔出现的，总是显得比谁都忠诚；而在背后却欺凌百姓，玩弄权术。他们不动声色，却老谋深算，满肚子鬼胎，使对手来不及防备便遭暗算。

人生如牌局，天下最难以捉摸的一张牌，即为对手的"底牌"。底牌是保护自己，攻击对手的武器之一。因此，在社会生活中，我们要想方设法探得周围人的底牌，这样才能摸清他人底细，明辨他人意图，才能未雨绸缪选择对自己有利的策略。

须防笑面背后的冷箭

生活中，我们有时会将好人看成坏人，有时会将坏人看成好人。

因为在我们的周围，有些人表面看似和蔼可亲，内心却阴险狡诈，他们对人极尽夸赞逢迎之能，暗地里却耍手段，要么伺机暗算，要么落井下石。当你直上青云、春风得意的时候，那些逢迎拍马者会谄媚攀附；而当看到你堕入困境时，他们就幸灾乐祸、趁火打劫。

战国时期，楚王的妃子郑袖相貌出众，又聪慧机敏，楚王十分宠爱。后来魏王又赠送楚王一位美女，既年轻漂亮，又活泼热情，把楚王给迷住了。

郑袖眼见自己一天天失宠，心里非常忌妒，但表面上却装得若无其事，不但没有一点怨言，还百般讨好这位新妃。新妃喜欢穿什么衣服，希望用什么东西，郑袖都叫人给她送去；她住处的陈设要怎么布置，郑袖也叫人侍候得顺心如意，可以说对楚王的这个新宠体贴入微、关怀备至。郑袖在楚王面前还经常对新妃表示赞美。

这位新妃没想到遇上这样好心的一个姐妹，从心眼里对郑袖表示感激，相互来往十分密切，不分彼此，无话不谈。

楚怀王见郑袖和这位新妃相处得这么和美，心里非常高兴，对郑袖说："你们女人多半凭着自己的美貌和聪明赢得男人的喜欢，而且都有强烈的忌妒心。我看你就不是这样，你能理解我，你知道我喜欢这位新人，就比孝子侍奉父母、忠臣侍奉君王还尽心尽力。"

郑袖听了楚王这番话，相信他绝不会怀疑自己对新妃有什么坏心眼了，不由得心中暗喜，觉得时机已经成熟。

一次，郑袖和新妃闲谈的时候，说："大王经常在我面前夸奖你，说你能歌善舞，活泼热情，又温柔体贴，只有一点，大王嫌你的鼻子稍矮了点儿。"

新妃听了，有些不安，摸了摸鼻子，问郑袖说："您看这有什么办法吗？"

郑袖就等她问这句话，可还是装着若无其事的样子说："这有什么大不了的？你以后见到大王时，用手帕把鼻尖轻轻遮一下不就好了吗？"

新妃以为郑袖给她出了个好主意，以后只要见到楚王来就把鼻子遮起来。楚王开始没注意，后来看她每次都这样就感到很奇怪，又不好直接问，就问郑袖："新妃近来每次见到我时，为什么总把鼻子遮起来？"郑袖故意看了看楚王，吞吞吐吐，欲言又止。

楚王觉察到这里有什么隐情，就追问说："你说吧。你我做了这么多年夫妻，还有什么不好说的。即使有什么事，我也不怪罪你。"

郑袖故意装出胆怯的样子，低声说："她说过不愿闻到你身上的一种恶心味！"

楚王一听火冒三丈，怒气冲冲地说："什么？我是国君，敢说我身上有恶心味！岂有此理。传我的话，立即把那个小贱人的鼻子给我割下来！"

就这样，郑袖把新妃的面容给毁掉了。情敌没有了，郑袖又得到了楚王的独宠。

历史上这种小人排除异己、陷害别人的例子举不胜举，而现实生活中同样不乏这样的小人。他们总会假装友善，却暗施冷箭，为害作恶。

在利益面前，人的灵魂都会赤裸裸地暴露出来。比如，在一起工作的同事，平日里大家说笑逗闹，关系融洽。可是到了晋级时，名额有限，"僧多粥少"，有的人就把真面目露出来了。他们再不认什么同事、朋友，在会上摆自己之长，揭别人之短，在背后造谣中伤，四处活动，千方百计把别人拉下去，自己挤上来。

所以，不要被某些人的表面言行所迷惑，要用慧眼洞察人心，这样才可避免被冷箭所伤。为人要善良，但不能没有心机，否则行错善的话，自己财物遭损失，精神受打击不说，还助长了对方的气焰，甚至有可能间接伤害无辜的人。

识透人心才能潇洒从容

人生的道路从来都不是平坦宽阔的，我们的世界其实远没有它表出现的那样美好。唯有学会识别人心，才能让自己的人生之路少一份坎坷，多一份平坦。

巴尔扎克说过："没弄清对方的底细，绝不能掏出你的心来。"

荀子在论人性时说："人之性恶，其善者伪也。"观点固然偏激道理却很实在，与人打交道时确实应该谨慎小心，对交往不深的人不妨多点戒心，考虑一些防患对策，为自己留下"逃生"的余地。

东晋大将军王敦去世后，他的兄长王含一时感到没了依靠，便想去投奔王舒。王含的儿子王应在一旁劝说他父亲去投奔王彬，王含训斥道："大将军生前与王彬有什么交往？你小子以为到他那儿有什么好处？"王应不服气地答道："这正是孩儿劝父亲投奔他的原因。江州王彬是在强手如林时打出一块天地的，他能不趋炎附势，这就不是一般人的见识所能做到的。现在看到我们衰亡下去，一定会产生慈悲怜悯之心；而荆州的王舒一向保守，他怎么会破格开恩收留我们呢？"王含不听，于是径直去投靠王舒，王舒果然将王含父子沉没于江中。而王彬当初听说王应及其父要来，悄悄地准备好了船只在江边等候，但没有等到，后来听说王含父子投靠王舒后惨遭厄运，深感遗憾。

好欺侮弱者的人，必然会依附于强者；能抑制强者的人，必然会扶助弱者。王应一番话说明他是深谙世情的，在这点上，他要比他的父亲王含强得多。

成功离不开一定的社会环境，离不开你每天所要打交道的那些人。一个生活在"真空"里不和人交往的人，算不上聪明，更谈不上成功不成功。因此，我们完全有理由这样说：一个人的成功，取决于其处世水平，也即识人水平的高低。

如何与人打交道？如何了解对方的心理活动？是你掌握处世技巧的第一课。掌握"读心"术，是建立成功人际关系的秘诀。

熟悉下象棋的人都有这样的经验，若你想赢得这盘棋，除了要清楚棋盘上的棋子外，还必须要看透对方下这步棋的用意，并进而判断出其后的布局，方能最后赢棋。正所谓"高手前后看三步"，讲的就是这个道理。

"读心"亦然，既不能仅看表面和片断，也不能仅从无意中听到的一句话，就轻率地断定对方是小人或君子，或许这正是对方为了掩饰自己的行动而故意施放的"烟幕弹"。一定要记住：人心是无法仅从表面了解的。

正确地掌握"读心"技巧，彻底解读对方复杂的内心活动，就无异于拥有了一把锋利无比的宝剑，足以使你"笑傲人生"，纵横天下，潇洒走四方。

知彼才有胜算

人与人的千差万别，造就了丰富多彩的世界。由于每个人的先天禀赋和后天经历的不同，使得我们每个人的性情、心理都很不一样。有的人精明强干工于心计，有的人则质朴厚道大大咧咧；有的人率真明快，有的人则深藏不露。

所以我们必须尝试着去了解他人的性情，并学会与不同性情的人进行交往。了解了周围人的个性，再针对对方喜恶之不同，施以不同的手段，才能在与人的博弈中获得胜算。

明太祖朱元璋驾崩后，燕王朱棣起兵，乘胜包围了济南。当时拥护建文帝的山东参政铁铉随军监督粮草，与参将盛庸一起固守济南。

朱棣攻城心切，调来火炮轰击城墙。

济南城墙虽厚，也难以抵挡火炮的轰击，一旦城墙被毁，城池也就被攻破了。

这时，铁铉心生一计，命人在一块大白木牌上写道：太祖高皇帝之灵。让士兵高举灵牌，立于城墙之上。

朱棣蓦然见到父皇朱元璋的灵位，大惊失色，拜伏在地，叩头不止，又传令军中不许放炮轰城，以免误伤父皇灵位。

铁铉借机修补城墙，全力防守，燕军虽然仍猛力攻城，但无火炮辅助，士气减弱不少，围攻济南三个多月，也未能进城一步。

此时大将平安率兵二十万，要攻打德州，切断燕军的粮饷通道。朱棣见势不妙，只好忍痛放弃济南，撤回北平。

朱棣自起兵以来，几乎百战百胜，军威未曾受挫，却惨败于济南城下。

这是铁铉看透了朱棣起兵与侄子争夺皇位，心里一定会觉得愧对父亲，因为建文帝是朱元璋生前就确立的继承人。他起兵造反，虽说是迫不得已，但是和朱元璋的意旨违背。所以他一见到灵牌，就惊慌失措，拜伏在地，不敢仰视，正是他心里的罪恶感在起作用。而且朱棣起兵造反，最怕"师出无名"而失去民心，如果炮轰先皇灵牌，就会背上背叛孝道的恶名，这是他最忌讳的。

因此朱棣一见到父皇灵牌，攻城之志已被无形中夺去。旷日持久，燕军的士气也逐渐消磨殆尽，各种攻城手段均被铁铉巧妙破解，士气也萎靡不振。

朱棣的这种心理一般人很难猜得到，铁铉不仅猜到而且加以利用，让朱棣"投鼠忌器"，才能用块白木牌抵御住了万马千军。这也正是应了"知己知彼，百战不殆"的道理。

不管身边人的心机如何，知彼是尤其必要的，面对怀有不轨意图的人更是如此。只有知晓对手的心理，才能做到百战不殆。

社会生活中的人际关系可以说是一种"长期的测验"。即使你无意测验别人，但是一个人的一举一动，你都会看在眼里，这些举动的累积，很自然地会形成你对他的评价。所以，留意别人的一举一动，做到洞悉他人，在人际关系之中才会有胜算。

知人知面要知心

人的所谓"深"，有两种情形：一是深沉，其表现为少言语而守本分，能容人忍事，内外分明，待人处事浑厚而不逞强，不炫耀才华；二是奸深，其表现为缄口不言而心藏杀机，行为诡秘，双目斜视，说话阴阳怪气。前者是最有道德的贤才，后者是极为险恶的奸人。所以切不可将二者等同齐观。

面对你周围的人，不可只简单地看其表面。世上的事都是乍看单纯实则复杂。对别人所说的话全盘相信，是很危险的，必须探究其真正的用意。

因为每一个事物都有它的两面性，单凭表面所见而下结论，常会产生很大的错误。生活中随时都可能有意料不到的事情发生，像是公司内、朋友间莫名其妙的口角摩擦，以及平日沉默寡言的人意外地变成问题的中心人物。

仔细观察这些事情发生的原因，可以发现其实是我们缺乏多角度的观察了解，而单纯地以为某人就是什么样的人，等到出现问题时，才吃惊不已。

比如说在公司里，传出有关某重要人物的谣言。像这种情况下，这个恶意中伤的另一面是否有什么用意呢？传播谣言的人居心何在？谁会因此受益？谁会因此受损？这些问题都必须深入分析，不可单纯地相信谣言。

看到一个现象，不能不经思考就全盘接收，还必须考虑到其中的原因或是背景。看到人的表面就相信他，或是看到事情的表面就骤下结论，这些都是太过单纯、头脑简单的人所为。应该及早脱离这种直线式的思考，懂得如何看透现象的里层，看见一个人深层次的东西。

《史记·管晏列传》引述了管仲讲的鲍叔牙对自己的相知之雅："当我穷困的时候，曾经和鲍叔牙合伙做生意，每当分钱的时候，我总是多取一些，鲍叔牙并不认为我贪财爱钱，因为他知道我很穷。我曾经替鲍叔牙谋事，反而使他更加困窘，鲍叔牙并不认为我愚笨无能，因为他知道时机有利与不利。我曾经三次做官，三次被君主罢黜，鲍叔牙并不认为我没有才能，因为他知道我时运不济。我曾经三次带兵打仗，三次战败逃跑，鲍叔牙并不认为我胆怯，因为他知道我家中有年迈的母亲。公子纠与小白争夺君位而失败，我忍辱被囚，鲍叔牙并不认为我无耻，因为他知道我不羞小节，而以功名不显扬于天下为耻辱。生养我的人是父母，了解我的人却是鲍叔牙啊！"管仲说的是肺腑之言，反映了鲍叔牙对他相知之深。鲍叔牙也因为推荐管仲而成就了自己的千古美名。

要真正看透一个人往往需要很长的时间，这是因为经生死变化，才知道交情的厚薄；经贫富的变化，才知道交情的深浅；经贵贱的变化，才知道交情的有无。鲍叔牙就是看出了管仲所具备的内涵，让齐国得到了一位栋梁之材。

识别人的难处，不在于识别贤和不肖，而在于识别虚伪和诚实。这是因为人们的内心和他们的面貌一样，存在千差万别。人的内心比险峻的高山和深邃的江河还危险，人的思想比天还难以捉摸。人们不常这样说吗？真正的聪明人看起来都像是愚笨的样子，这样做的目的是为了麻痹他人。

所以，看人务必看透他行为表面所掩盖的深层次的东西，只有这样，为人处世才能无往不利。

要有敏锐的判断力

在现实社会中，暗和明往往交织在一起，让人不知所措，难以适应。很多人吃亏上当，就是由于轻信朋友、轻信同事、轻信一面之交的人，这都是缺乏理性的"提防"意识、情感倾向性较强的表现。

对于人性，历来有善恶之争。孔子认为"人性本善"，荀子则认为"人之性恶，其善者伪也"。其实人性之复杂，不能简单以善恶来区分，但害人之心不可有，防人之心不可无，与人交往要谨慎小心，不论别人善恶，多一点识人的本领，才能更好地保护好自己。

春秋时期，晋国大夫伯宗，有一天上完早朝之后，踩着轻快的脚步，一路上哼着歌回到家里。他老婆眼看丈夫喜形于色，便问他说："什么事让你心情这么好？"

伯宗说："今天我在朝上发表了一些议论，结果博得满堂彩，大家都称赞我的智慧与谋略不在前朝太傅阳处父之下。"

妻子听完，脸色一沉，说："唉，阳处父这个人虚有其表，就靠一张嘴，学问不怎样，却喜欢表现，难怪后来会被刺杀。我不明白，人家说你像他，有什么值得高兴的呢？"

被自家老婆浇了一盆冷水的伯宗，当然不承认自己虚有其表，就又急着补充当时被称赞时的详细情形，而且说得口沫横飞，生怕漏掉任何一个足以证明自己光彩的细节。

他老婆听得有些不耐烦了，干脆直接对他说："朝臣之间各怀鬼胎，因此，你不要对别人的称赞太过认真。何况，现在的朝政混乱，老百姓的不满已经积蓄很久了，你出了那么多馊主意，一定会惹祸上身。依我看，现在最要紧的事，莫过于为咱们家儿子安排好必要的侍卫，以保障他的生命安全。"

后来，伯宗果然在政界斗争中被其他大臣围攻，儿子则在卫士毕阳的护卫之下逃到楚国避难。

愈复杂诡谲的环境，当然就愈是钩心斗角的沃土。事实上，任何有关争斗的明枪暗箭，都是令人讨厌又难缠的事情。所以，知道自己身在何处，以及真正地了解自我和别人的心机，应该是保护自我的最佳方式。

要想看懂别人，避免上当，就需要培养自己敏锐的观察力与良好的判断力，以便在与人交往中练就识人的本领，能够看透对方表面的慎重与矜持，并识透他的内心。

总之，我们在生活中要时刻保持清醒的头脑，识透人心，不要被假象迷了眼。

做一个有心人

俗话说："出门看天色，进门看脸色。"无论做什么事，对什么人，只有先察言观色一番，摸清对方的心思后，再付诸行动，才能做到得心应手，万无一失。

康熙到了晚年，由于年纪大了，产生了一个怪脾气——忌讳人家说老。如果有谁说老，他轻则不高兴，重则要让对方触霉头。所以，左右的臣子们都知道他这个心思，一般情况下都尽量回避说老。

有一次，康熙率领一群皇妃去湖中垂钓，不一会儿，渔竿一动，他连忙举起钓竿，只见钩上钓着一只老鳖，心中好不喜欢。谁知刚刚拉出水面，只听"扑通"一声，鳖却脱钩掉到水里又跑掉了。康熙长吁短叹，连叫可惜，在康熙身旁陪同的皇后见状连忙安慰说："看样子这是只老鳖，老得没牙了，所以衔不住钩子了。"

话没落音，旁边另一个年轻的妃子却忍不住大笑起来，而且一边笑一边不住地拿眼睛看着康熙。康熙见了不由得龙颜大怒，他认为皇后是言者无心，而那妃子则是笑者有意，是含沙射影，笑他没有牙齿，老而无用了。于是将那妃子打入冷宫，终身不得复出。

为什么皇后在说话时明显说到"老"字，康熙并没有怪罪她，而妃子只是笑了笑，康熙却怪罪她呢？首先是康熙的忌讳心理，他不服老，忌讳别人说他老，一旦有人涉及这个话题，心理上就承受不了。再者由于皇后与妃子同康熙的感情距离不同。皇后说的话，仔细推敲一下，有显义和隐义两个意义，显义是字面上的意义，因为康熙与皇后的感情距离较近，他产生的是积极联想，所以他只是从字面上去理解，知道皇后是一片好心的安慰。妃子虽然没有说话，只是笑了笑，但她是在皇后的基础上故意引申，是把那只逃掉了的老鳖比做皇上，是对皇上的鄙视，因而是大不敬。

所以，同样的问题，同样的环境，由于不同的人物的不同理解，便引出不同的结果来。正所谓"说者无心，听者有意"，实际上究其原因，还是那个妃子没有用心去观察别人脸色的缘故。

生活中，与人交往如果不用心，会遇到许多想象不到的问题，因为你并不知道自己什么时候就把别人给得罪了。做人必须学会用心，否则你就会面临一道道难以预测的障碍。

战国七雄之一的齐国，有一位宰相名叫田婴，虽然处于乱世，但他治国有方，使得齐国威名远扬。对于个人处世之道，他也懂得极多，这使得出身王族的他，没有被卷进王位争夺的漩涡，反而能够经历三朝，任宰相职位达十余年之久。告老之后，封于薛国之地，安享余年。

齐王后去世时，后宫有10位齐王宠爱的嫔妃，其中必有一位会继任王后，但究竟是哪一位，齐王并不做明确的表示。

身为宰相的田婴于是开始动脑筋。他认为：如果能确定哪一位是齐王最宠爱的妃子，然后加以推荐，定能博得齐王的欢心，并且对他倍加信赖；同时，新后也会对他另眼相看。可是，万一弄错的话，事情反而糟糕，所以必须想个办法，试探一下齐王的心意。

于是田婴命工人赶紧打造10副耳环，而其中一副要做得特别精巧美丽。

田婴把这10副耳环献给齐王，齐王于是分别赏赐给10位宠妃。次日，田婴再拜谒齐王时，发现齐王的爱妃之中，有一位戴着那副特别美丽的耳环。

毫无疑问，不久之后新继任的王后，确实就是当日田婴所断定而推荐的那位妃子。

人常说："不打勤的不打赖的，专打不长眼的。"这话说得实在有道理。因为人生在世有很多忌讳，如果你在无意之中触犯了别人的忌讳，就会在无形之中得罪对方。

所以，察人不可不用心，不能因人外表而错判其人，更不能不知人心就与之随意亲近，因为有些人就是利用人们的这个弱点，而达到自己的目的。因此，生活需要我们做一个有心人。

掌控与人交往的主动权

在漫长的人生岁月中，免不了会遇到出卖、背叛、中伤、陷阱等种种料想不到的事。人生变故的发生，有时并不完全因为外部环境的变迁也与自己被动的人际交往方式有直接关系。

高明的人总是善于控制对手，从而达到驾驭的目的。在与人相处的过程中要保持非常高的警惕性，探查虚实，晓以利害，变被动为主动，才能在明争暗斗与钩心斗角中为自己赢得生机。

若想主动出击，首先是"巩固城池"。也就是让人摸不清你的底细，实际上的做法便是不随便暴露个性上的弱点，不轻易显露你的欲望和企图，不露锋芒，不得罪人……别人摸不清你的底细，自然不会随便利用你、陷害你，因为你不给他们机会。两军对阵，虚实被窥破，就会给对手留下很多可乘之机，"防人"也是如此。

其次是"防患未然"。兵不厌诈，争夺利益时，人心也不厌诈。因此对他人的动作也要有冷静客观的判断，凡异常的动作都有异常的用意，把这个动作和自己所处的环境一并思考，便可以发现其中的玄机。

不过话虽这么说，但人们却往往无法摆脱个性上的弱点和偏执，而防不住人，何况"道高一尺，魔高一丈"，因此必须尽量小心。不过若为了"巩固城池"而把自己搞得神秘兮兮，则会矫枉过正，失去朋友，反而会成为人们排挤的目标。但无论如何，"防人"还是必要的。

虽然我们一生所遇到的人中大部分都是善良的，但世间除了善良的人以外还有很多"好战分子"。所以，你必须以坚定的姿态来捍卫自己的善良，让他觉得你善良但并不软弱可欺。那些喜欢向别人挑战的人，也不是针对一切人都施以强硬。强硬的人自不用说，那些神态严肃者，他们也不敢挑战。他们只对准了善良的人们，而且他们要先看一看这些善良的人们是不是软弱。

因此，你不要给他们提供攻击的机会，要在善良的背面有坚定的心理支持。柔但不"弱"，善但不"过"。须知"马善有人骑，人善有人欺"。当你的利益受到侵犯时，要毫不犹豫地站出来捍卫自己的利益。要想保护自己，不被人欺，就必须在日常生活和工作中读懂周围人的心，进而掌控与人交往的主动权。

扫码获取更多资源

第二章

怎样识别你周围的人

我们每天都在交往活动中接收各种信息，并通过与他人的接触和交流，获得对他人的认识，然后以此为基础做出社会行为。可见，我们的各种社会行为是建立在对他人认识的基础上的，因此，懂得如何识别你周围的人就显得十分重要。

我们是怎样认识他人的

在社会心理学中，将认识他人的过程称为"社会认知"，即指个体在与他人交往过程中，根据外部特征，对其心理状态、行为动机和意向等内在属性做出推测和判断的过程。社会认知包含知觉、判断和评价等一系列社会心理活动，是依据认知者的过去经验及对有关线索的分析而进行的，是认知者、认知对象和认知情境之间各因素交互作用的复杂过程。

人们对现实世界的认识是一个完整的过程，对人的认识和了解也同样如此。认识他人的过程需要由表及里，通过一个人的外在特征来推测和判断他的内在属性，而其本质属性和特征往往容易为表象所掩盖，这就使得这个过程具有复杂性并需要经历一定的时间。另一方面，人们的认识活动客观上也要经历一个过程，从感官的认识开始逐步深化到大脑的思维分析和判断，是一种从简单到复杂、从对表象的认识到对本质的分析和判断的过程。我们一般可以把认识他人的过程分为 3 个步骤：知觉、判断评价和归因。

（1）知觉：得到最基本的信息资料。他人一般都以某种穿着、打扮、容貌和行为出现在我们面前，我们也总是首先运用感觉器官接收他人的形态、色彩、动作、声音等感性特征。因此，对他人的认识总是先从知觉开始的，这是认识他人的第一步。

（2）判断和评价：形成印象并做出评价。通过知觉过程，我们可以搜集到有关他人的基本资料，并根据这些资料依照以往经验（你头脑中内在的价值标准）对他人做出判断和评价。这种关于他人的社会判断和社会评价是认识他人的第二步。

（3）归因：对他人行为的解释。人们在认识他人的过程中，除了会对他人进行判断和评价外，还会对他人的行为表现及存在状态做出推论和解释，即对他人的行为进行归因。行为的归因在认识他人的过程中占有重要的地位，个体对他人及事件的理解和解释将影响其进一步的行为，对同样事件和行为的不同解释将产生完全不同的后继行为。另外，行为的归因也往往意味着认识他人过程的完成，标志着人们对某人的某种行为有了一个基本和完整的认识。

认识他人活动的这 3 个步骤是相互联系，也是首尾相接的。

概括起来，我们可以把认识他人的过程简单地理解为：首先，我们的认知活动是从对人的观察开始的，这是我们认识别人的第一步；其次，我们在对别人有了一个初步的或者说是感性的认识之后，我们就会根据这些认识来对他人做出判断和评价；再次，我们在认识他人时，除了会对他人做出判断和评价外，还会对他人的行为做出推论和解释，也就是对他人的社会表现进行归因。社会认知的这 3 个步骤只有有机结合起来，才能构成我们认识他人的完整过程。联系我们的生活实际，我们可以感觉到，认识他人的活动是要通过对别人的言谈举止、仪态神情、行为习惯等的观察，形成关于他人的印象，从而做出判断评价，并进一步推论和解释他人的行为。比如说，我们连续多次看到一个女孩儿穿着红色的衣服，我们可能就会想到，这个女孩儿一定非常喜欢红色，而红色给人明艳、奔放、热烈的感觉，那么这个女孩儿也应该具有热情、活泼、开朗的个性。这样的一个过程，实际上就是从我们对颜色的视觉感知开始，进而运用逻辑思维进行推理判断，从而对他人形成完整的认识过程。

通过态度预测他人的行为

态度是个体在社会生活中，经过社会化和社会交往而逐渐形成的。态度一旦形成，便较为稳定，成为个体人格的一部分，从而影响到人的整体行为。

现在大多数心理学家都赞同把态度的构成分为 3 个部分，即认识、情感和行为倾向。他们认为态度是一种内心的心理活动，是由知、情、行 3 部分组成，是个体以认知的、情感的和行为倾向的反应方式对某种刺激做出反应的预先倾向。

认知成分是指个体对态度对象所具有的知觉、理解、信念和评价。态度的认知成分不只是个体对态度对象的认识和理解，而且常常是带有评价意味的陈述，带有个体特性的评判、赞成和反对。情感成分是指个体对态度对象所持有的一种情绪体验，如尊敬和鄙视、喜欢和厌烦、同情和嘲讽等。行为倾向成分是指个体对态度对象所持有的一种内在反应倾向，是个体做出行为之前所保持的一种准备状态。由此我们可以看出，态度是个体做出行为前的内心体验，我们可以根据态度来判断个体的行为。

人的态度是在适应环境的过程中形成的，而在形成后态度又会反过来帮助人们更好地适应环境，更恰当地处理好各种交往关系（这里既包括自己应在社会交往中保持适当的态度，又包括通过别人的态度来预测其行为）。人们生活在社会之中，不可避免地会接触到各种社会关系，在各种社会交往中，控制自己的态度比通过别人的态度预测其行为要容易一些，比如一般人在会见客户时都会把自己的私人情绪暂时放在一边，但他们却不一定能够准确地根据接触对象的态度预测其行为，进而做出相应的策略。

社会心理学家研究态度的主要目的就是为了预测行为，但是许多研究表明，态度与行为的关系并不简单，影响态度对行为的预测有以下几个因素：态度的具体性、态度的成分、态度的强度、态度的通达性等。

因此，通过态度预测行为时，应注意以下列因素：

（1）态度方面的因素：态度各成分是否一致——当态度的认知和情感成分一致时，预测率高；态度的特殊性；态度来自直接经验还是间接经验——来自直接经验的态度更能够预测行为；态度的强度和清晰度。

（2）行为方面的因素：是单一行为还是多重行为，单一行为与态度的关联度更强些；即时行为与长久行为——态度与行为间隔时间越短，预测力越好；情境压力如何，情境压力较小时，态度对行为的预测准确率会高些。

（3）主体方面的因素：态度对象与个人关联的程度——越是跟个人的价值观接近的态度越能预测行为；个人自身的人格因素，诚实的人不善伪装，而阴险狡诈的人则非常善于伪装，他们不会轻易把自己的真实态度表露出来。

识别人心三部曲

先贤孔子曾说过："视其所以，观其所由，察其所安，人焉廋哉？人焉廋哉？"

这也即识别人心的三部曲："视其所以"——看他的目的是什么；"观其所由"——知道他的来源、动机；"察其所安"——再看看他平常做人是安于什么，能不能安于现实。

"视其所以"，是指要了解一个人就要看他做事的目的和动机。动机决定手段。周恩来为中华之崛起而读书，苏秦为扬名于天下而"锥刺股"，易牙为篡权而杀子做汤取悦于齐桓公。我们要看他做什么，更要看为什么这样做，如果我们仅被表面的现象所迷惑，我们对人的认识又有多少呢？齐桓公被易牙的所谓忠诚所感动，结果落了个死无葬身之地的下场。

"观其所由"，就是看他一贯的做法。就以对钱财的态度为例，君子也爱财，但君子和小人不同，小人可以偷，可以抢，可以夺，甚至杀人越货，君子却做不来，即使财如同身旁的鲜花可以随意采撷，他也要考虑是不是符合道义。有时候观察一个人的行为，不在乎他做什么、做多大、做多少，而要看他怎么做——官做得大，却是行贿得来的，钱赚得多，却是靠坑蒙拐骗得来，同样，不同的方式却有千差万别。

"察其所安"，就是说看他安于什么，也就是平常的涵养。比如浮躁毛草，比如急功近利，比如一有成绩就自视甚高、目中无人，比如一遇挫折就垂头丧气、怨天尤人，等等。这些都是没有涵养的表现。这样的人最靠不住，做事常常半途而废，交友有可能背信弃义。只有踏实安静的人才能威临世界而不被身外之物所包裹。想想吧，越王勾践如果不忍辱负重怎么能卧薪尝胆，重振越国？司马迁如果不心如止水，遭受宫刑的痛苦还不缠绕终生，哪还有什么心思写《史记》？韩信如果心浮气躁，早成为流氓的陪葬品，哪能帮助刘邦成就霸业？所谓涵养是在寂寞中的坚韧，在困苦中的达观，在迷离中的坚定，在失败中的自信，在成功中沉稳。有如此品质的人，谁又能怀疑他呢？

用这三点去识人，又怎么不能够把人看明白呢？

人海茫茫，世事无常。要想真正了解一个人很难，在这里，孔子为我们知人识人提供了一个十分有效的方法。

换个角度看你周围的人

从生活的经验来看，没有一成不变的人，有的人的行为是受他人所影响的。排挤别人的人，别人也会排挤他；侮辱别人的人，别人也会侮辱他。看人不妨实际一点，观察一个人的外表不如了解其内心，了解其内心不如看其实际表现。当别人表现出某一种行为，不妨换个角度思考他的动机，也许能看懂他真实的心意。

齐国攻打宋国，宋王派臧子向南求救于楚国。楚王很高兴，答应得也很痛快。然而，臧子却很忧虑地回去了。他的车夫问："您求救成功了，怎么还面有忧色？"臧子说："宋是小国而齐是大国。为救一个小国而得罪一个大国，这是人们所不愿的。然而，楚国却很高兴地答应了。这不合情理。他们一定是想以此坚定我们的信心，让我们同齐国抵抗，以此削弱齐国，这样，对楚国有好处。"

臧子回国后，齐国攻占了宋的五座城池，而楚国的援兵真的没到。

观察一个人，应先考察他的所作所为，再观察他做事的动机，审度他的心态。人们的外部作为大同小异，心里所想却各不相同。若想了解别人就要对其过去与现在的行为进行综合分析，并对其周围观察审视。如此，就可以知道他是什么类型的人了。

春秋战国时期，一个名叫鲁丹的游士，周游至中山国，想把自己的策略呈献君王，可惜投递无门。于是，鲁丹以大批金银珍宝，赠给君王亲信的幕僚，请他代为引见。此法立即生效，鲁丹被君王召见，并于谒见之前，先以山珍海味接待他。

席间，鲁丹不知想起什么，忽然放下筷子退出宫殿，也不回旅舍，立即离开中山国。

从者很惊讶地问：

"他们如此厚待，为何离去？"

鲁丹回答从者："这位君主被他的侧近所左右，自己没有一点主见，日后如果有人说我的坏话，君主必定会惩罚我，还不如早些离去的好。"

故事中，鲁丹不为中山王的热情款待打动，而是通过观察对中山王的为人进行准确判断，从而全身而退，避免了祸患，其行为不可不谓明智。

有表就有里，但这些都不是固定的，因为相互间会有变化的趋向，如果只从单方面看，实在不能看出真相，因此，需要从另一个角度去观察他人。

"大道废，仁义在。"这句话中的仁义，就是因为国家没有走上正轨，所以才特别显现出来。"乱世出忠臣。"就是因为世局太乱，才能显出忠臣的忠贞。

根据这些例证我们可以明白，在人际关系上，只靠表面是无法看出真相的。下面的一些生活细节，我们不妨多多注意。

愈是会装模作样的人，内心愈是空洞。

平时不易接近的人，突然变得很热情，他一定是另有企图。

对于过分替自己辩解的人，不可放弃对他的疑心。

说话夸大的人，大都缺乏自信。

生活中，只要根据对方在待人处世时表现出来的蛛丝马迹，再换个角度仔细分析，就能看清这个人的本质。

投其所好，观其人品

　　权力、功名、金钱、美色历来都是人心的试金石。有的人在有利可图或对其利益无损时，可以与你称兄道弟、亲密无间；一旦利益受损时，他们就像变了个人似的，见利忘义，唯利是图，什么友谊、感情统统抛到脑后。

　　此时，"临之以利以观其心"不失为一个识别人心的好方法。

　　"伊索寓言"里有一则故事很值得参考。故事是这样的：

　　有一个王子养了几只猴子，训练它们跳舞，并给它们穿上华丽的衣服，戴上人脸的面具，当他们跳起舞来时，逼真精彩得像人在跳舞一样。有一天，王子让这些猴子跳舞，供朝臣们观赏，猴子的精彩演出获得满堂的掌声。可是其中有一位朝臣故意恶作剧，丢了一把坚果到舞台上去，这些猴子看见了坚果，纷纷揭掉面具，抢食坚果，结果一场精彩的猴舞就在朝臣的嘲笑中结束。

　　这一则寓言说明了猴子的本性并不因为学习舞蹈和戴上面具而改变，猴子就是猴子，看到坚果就原形毕露！

　　如果把人比成这故事中的猴子，人不是在戴着假面具在人生的舞台上表演么？小人戴上面具，会让你误以为是君子；恶人戴上面具，会让你误认为是大善人；好色之徒戴上面具，会让你误以为是柳下惠！如此伪装令人防不胜防。

　　猴子不改其好吃坚果的本性，因此看到了坚果，就忘了它正在跳舞娱人。人的表现虽然不会像猴子那么直接，但不管他再怎么伪装，碰到他的弱点，他总会无意识地显现他的真面目。因此好色的人平时道貌岸然，但一看到漂亮的女性就会两眼发直，言行失态；好赌的人平时循规蹈矩，但一上牌桌就废寝忘食，不知罢手！不是他们不知道显露这种本性不好，而是一看到所好之事或所好之物就耐不住性子而暴露原始的本性——就像那群猴子！

　　在实际运用上，你可以主动地"投其所好"，倒不是先了解其"所好"再"投之"，而是在刻意安排的情境中去了解其所好。譬如说，如果你想了解某个人的喜恶，可主动安排，制造情境去观察他的行为，若某人真的有某方面的喜好，假面具至少要掀掉一半，甚至忘形到不知道自己是谁，赤裸裸地露出真面，而你便可以从其表现来推断他的性格，作为与他来往的参考。有些商人就是用这种方法来掌握他的客户。

如果你没有能力安排各种情境，那么，就利用各种机会顺便观察其所好，这种观察比刻意安排的更为深刻有效，因为你观察的对象没有防备，真面目会显现得相当彻底！

用"投其所好"来看人，可以看出一个人的人品，而人品会影响他的行事、判断和价值观，甚至影响他为善或为恶的抉择。无论是交朋友、找合作伙伴或共事，这都是一项重要的参考！

见微知著察人法

生活中有许多人，他们的外表和本质有很大的不同：有表面庄重严肃而行为轻浮的；有外表温良敦厚而阴险狡诈的；有貌似恭敬而心怀轻慢的；有外表廉洁谨慎而内心虚伪的；有看似真诚专一而实际无情无义的；有貌似威严而内心懦弱的。这些就是人的外表与内心世界不相一致的种种情况。

我们应学会从对方每一个细微的动作、每一种习惯中，窥一斑而知全豹，分辨人的本质和心志。

曹操晚年曾让长史王必总督御林军马，司马懿提醒他说："王必嗜酒性宽，恐不堪任此职。"曹操反驳说："王必是孤披荆棘历艰难时相随之人，忠而且勤，心如铁石，最是相当。"不久，王必便被耿纪等叛将蒙骗利用，发生了正月十五元宵节许都城中的大骚乱，几乎导致曹氏集团的垮台。司马懿从王必嗜酒这一习性而预见此人日后将铸大错，以一斑而窥全豹。曹操在任用王必上一叶障目，与司马懿慧眼识全机有高下之分。

英国曼彻斯特市有位医生想在他的学生中找一名具有敏锐观察力的人当助手。一次在临床带学生时，当众用指头蘸一下糖尿病人的尿液，然后用舌头舔其"甜"味，接着要求所有的学生跟着做。大多数学生都愁眉苦脸地用同样的方法舔尿液，只有一个女学生发现自己的老师用来蘸尿的是一个指头，舔的却是另一个指头，她也如此仿效。这位医生认为这个女学生具有他需要的敏锐的观察力，于是就让她当自己的助手。

一个人的学问、气质、秉性、喜好，可以通过不同的细节反映出来，小到随地吐痰、排队加塞儿，大到政治倾向、人生追求，等等。

识别人的诀窍就是能从表面形象和外部行动中看出人的真实本性，这也是识人能否准确的关键。但人又是变化的，对人的识别不能停留在若干年之前的印象中。"士别三日，当刮目相看"，有时，一个人变化之迅速与彻底，是超乎人们想象的。在人的变化中，有先廉洁后腐化的，有先邪恶后善良的，有先谦恭后傲慢的，识别人时都要充分考虑到。

利用好反馈试探法

一般情况下，以行动和言语相对照，是最正确的透视人心法。但是，如果对方始终没有行为表现，我们也不能一直永无止境地等待下去，必须积极地采取主动，诱使对方有所行动之后，再加以观察。

魏武侯有一次请教善于用兵的大军事家吴起有关探知敌情的问题时问道：

"和敌军对阵之时，如果不明敌情，应该采取什么策略？"

吴起答道：

"应该采取诱敌之策。当两军交锋的时候，我们先虚应一下，然后退下阵来，借此机会观察敌军反应。如果敌军仍然阵容严整，不轻易追赶的话，表示敌军将领很有智慧；相反的，如果他们一点也没有纪律地追赶的话，就显示出这个将领是愚笨无能的。"

这是《孙吴兵法》上记载的有关看破敌人实情的方法。

对于虚伪不实的人，要判别他的行为，使用这种方法极为有效。

有一次，楚国屈原回到自己的故乡选拔人才。考试之后，他发现有99个人的考卷成绩相同，都应列为头名，只有一个人稍差，可以列为第二。这样一来，仅头二名加起来就有100人。屈原知道这是考题泄密，于是决定进行复试。屈原宣布："现在正是谷雨季节，你们每人带一点谷种回去，秋后以收谷为卷。"随后，分给每人谷种100粒。秋后交卷时，99个头名都让家人背筐挑担，争着多交谷子，只有那个考第二名的农家小伙子，捧着一个小土罐，最后一个来到府门。屈原逐个检验每个人的成绩，他看到那成筐成担的谷子，脸色阴沉沉的。当看到青年农民的小土罐时，眼睛一亮，兴奋地问："你一共收了多少颗谷子？"小伙子不安地回答说："您发的谷种有97粒不发芽，只有3粒发芽，长成后打成了粮食。"那99个头名听到这里，"哄"地一声大笑起来。屈原却严肃地大声说："这个青年最诚实，他是这次当选的唯一贤才。我发给每人的谷种都有97粒煮熟的，你们却都交来这么多谷子，显然是假的。"

屈原别出心裁地用3粒谷种辨出了贤才，显然这种行为反馈试探是成功的。这是试探"诚"的事例。

试探人心的方法，可以用下列8种方式：

(1) 直截了当地询问，从他对事情了解的程度来判断。

(2) 追根究底，层层逼问，看他的反应如何。

(3) 让不相干的人，从侧面探寻，观察他的反应。

(4) 把秘密泄露给他，从他的反应观察人格。

(5) 将经济重任托付给他，从旁观察他的品格为人。

(6) 以美色试探。

(7) 以艰难的工作试探他的勇气。

(8) 劝他喝酒，利用酒醉之时，探试他的真意。

在使用反馈试探法的时候，不要耍花招，否则可能弄巧成拙。因为人际关系是相互的，在你试探别人的时候，不要忘记你也有被对方试探的可能。千万不可忘记，被你试探的对象也有眼睛，他也可以做出相应的措施，所以一定要注意保密性，不能让对方看出来。

静观以察其真

一个刚认识的人，第一眼就看出他的真心是不太可能的，但是时间可以揭穿一切伪装，帮我们辨别人心。有些人很善于掩饰和伪装，他们在一时一事上可以跟你称朋友，但日子一长，他们的为人、他们的人品会自然的显现出来，隐藏的狐狸尾巴就会露出来。"路遥知马力，日久见人心"，说的就是这个意思。如果能长期交往、长期观察，便会达到这样的境界：知人知面也知心。

所谓静观以察真，即用"时间"来看人，通过长期观察，而不在见面之初就对一个人的好坏下结论。因为太快下结论，会因你个人的好恶而发生偏差，影响你们的交往。另外，人为了生存和利益，大部分都会戴着假面具，与人交往时便把假面具戴上，这是一种有意识的行为。这些假面具有可能只为你而戴，而演的正是你喜欢的角色，如果你据此判断一个人的好坏，并进而决定和他交往的程度，那就有可能吃亏上当。用"时间"来看人，就是在初见面后，不管你和他是"一见如故"或"话不投机"，都要保留一些空间，而且不掺杂主观好恶的感情因素，然后冷静地观察对方的行为。

用"时间"来看人，你的同事、你的伙伴、你的朋友，一个个都会"现出原形"！你不必去揭下他的假面具，他会自己揭下来，向你呈现真面目！

用"时间"特别容易看出以下几种人：

(1)不诚恳的人。因为他不诚恳，所以会先热后冷，先密后疏，用"时间"做测试，可以看出这种变化。

(2)说谎的人。这种人常常要用更大的谎去圆前面所说的谎，而谎话说多说久了，就会露出首尾不能兼顾的破绽，而"时间"正是检验这些谎言的利器！

(3)言行不一的人。这种人说的和做的是两回事，时间一长，便可发现他的言行不一！

事实上，用"时间"可以看出任何类型的人，包括小人和君子，因为这是让对方不自觉表露本性的方式，最为有效！

那么，多久的时间才能看出一个人的真性情？如果是好几年，这时间是长了些，但一个月又短了些。那么到底多长的时间才算"标准"？这没有一定的标准，完全因情况而异，也就是说，有人可能第二天就被你识破，有人两三年了却还"云深不知处"，让你摸不清楚。因此与人交往，千万不可一头热！宁可后退几步，并给自己一些时间来观察，这是最起码的保护自己的方法！

"打听"他人的真面目

人总是要和其他人交往，同时本性也会暴露在不相干的第三者面前，也就是说，他不一定认识这第三者，可是第三者却知道他的存在，并且观察了他的思想和行为。人再怎么戴假面具，在没有舞台和对手的时候，这假面具总是要拿下来的，所以很多人就看到了他的真面目。而当他和别人交往、合作时，别人也会对他留下各种不同的印象。因此你可向不同的人打听，打听他的为人、做事、思想。每个人的答案都会有出入，这是因为各人好恶有所不同之故。你可把这些打听来的资讯汇聚在一起，找出交集最多的地方和次多的地方，那么大概就可以了解这个人的真性情；而交集最多的地方，差不多也就是这个人性格的主要特色了——如果十个人中有九个说他"坏"，那么你就要小心了；如果十个人中有九个说他"好"，那么和他往来应该不会有问题！

不过打听也要看对象，向他的密友打听，听到的当然都是好话；向他的"敌人"打听，你听到的当然坏话较多！不过"敌人"说的比密友又较接近真相。最好能多问一些人，不一定是他的朋友，同事、同学、邻居都可以问，重要的是，要把问到的综合起来看，不可光听某个人的话！

打听还要讲技巧，问得太白，会引起对方的戒心，不会告诉你实话，最好用聊天的方式，并且拐弯抹角地套。这种技巧需要磨炼，不是三两天可以学到的。

此外，你也可以看看对方交往的都是哪些人。

人们常说"物以类聚"和"龙交龙，凤交凤"，性情近似的人容易聚在一起，因为他们价值观相近，所以才凑得起来。所以性情耿直的就和投机取巧的人合不来，喜欢酒色财气的人也绝对不会跟自律甚严的人成为好友！所以观察一个人的交友情况，大概就可以知道这个人的性情了。

除了交友情况，也可以打听他在家里的情形，看他对待父母如何，对待兄弟姐妹如何，对待邻人又如何。如果你得到的是负面的答案，那么这个人你必须小心，因为对待至亲都不好了，他怎么可能对你好呢？若对你好，绝对是另有所图。如果他已结婚生子，那么也可看他如何对待爱人和儿女，对待爱人和儿女若也不好，这种人也必须提防。

第三章

明白意图，掌控与他人交往的方略

关于为人处世，我们确实有许多值得反省的方面：想一想你所经历过的成功和失败，其间最关键的因素是什么？

答案是：重视身边的每一个人，并明白他们的意图。

这个答案在很多时候都是成功者与失败者的分水岭。

如果一个人在处世过程中不能明白他人的意图，不懂得与他人交往的方略，将不可避免地出现人缘危机、竞争危机和事业危机。

了解他人的需要

要想认识和掌控他人，除了从一些表面现象入手外，最重要的应当是了解他人的动机、思维形态、行为方式、情感状态及其变化，而了解这一切的关键就是认识他人的需求。人的需求就是人的本性，你有自己的需求，同时与你交往的人也有他自己的需求。既然人不能"独生"，交往是双方共同的事情，交往的成功与否也就取决于双方的需求是否协调。

那么，人到底有些什么需求呢？美国心理学家马斯洛把人的各种需求分为：生理需求、安全需求、社交需求、尊重需求、自我实现需求、认识和理解需求、美学需求等 7 个层次。

1.生理需求

这是与我们生活息息相关的最基本最原始的需求。包括饥渴、性、睡眠、温暖、蔽身之所等。这些需求是最强烈的，没有它们，我们就不可能顾及其他的事。

2.安全需求

一旦我们的生理需求被满足了，我们紧接着关心的就是安全，包括心理上的安全期望和生理上的安全感。诸如稳定、依靠、保护、避免惊吓和焦虑及烦忧之苦，以及对建设、秩序、法律、限制等的需求。

3.社交需求

我们在群体中的身份满足了一种归属、被接纳和结交朋友的需求，包括拥有朋友、爱人、妻子、丈夫、父母、子女，等等。社会需求是指对感情和归属两方面的需求。

4.尊重需求

即人们希望得到牢固确立的高评价，包括力量、成就、分寸感、待人处世的能力与信心。包括获取名声、威望、地位、荣誉、权力、认可、注意、重视、尊重以及被他人欣赏的愿望。

5.自我实现需求

即发展自我，发挥个人最高才能，做一切力所能及之事的需求。比如，妇女通过教育子女来当个好妈妈，运动员通过比赛获得好名次，等等。

6.认识和理解需求

认识和理解需求是自我实现的一个重要表现，要求系统化地认知世间万事万物，包括求知欲、了解、解释和理解等。

7.美学需求

是人对美的深层需求，是人最高级的需求。所有的人都需求使自己周围的事物符合自己的审美情趣。

在生活中，要想赢得你周围人的好感，就必须时刻留意他的兴趣、爱好，明白他的意图，理解他的心思，这样才能投其所好，"对症下药"。然而，人的意图往往捉摸不定，必须下功夫掌握他的心意，揣摩他的心理，然后尽量顺应他，甚至还能抢先一步，将他想说而未说的话先说了，想办而未办的事先办了。这样他自然会把你当成他的知己，他给你的回报也总是沉甸甸的。

明白人际交往共同的心理原则

在社会交往中，尽管每个人的交往动机、要求和期望差别巨大，但仍然有共同的心理原则可言。心理学家总结出了以下4条社会交往的心理原则：

1. 交互原则

大量研究发现，社会交往的基础是人与人之间的相互重视与相互支持。因此，社会心理学家指出：人们在交往过程中，必须首先遵循交互原则。

古人言："爱人者，人恒爱之；敬人者，人恒敬之。"社会交往中，喜欢与厌恶、接近与疏远是相互的。几乎没有人会无缘无故地接纳和喜欢另外一个人，被别人接纳和喜欢必须有一个前提，那就是我们也要喜欢、承认和支持别人。一般的，喜欢我们的人，我们才会喜欢他们；愿意接近我们的人，我们才愿意接近他们；疏远、厌恶我们的人，我们也会疏远、厌恶他们。

为什么会存在这种交互原则呢？心理学家研究发现，每个人都有维护自身心理平衡的本能倾向，都要求社会交往关系保持一定程度的合理性和适当性，并力图根据这种适当性、合理性解释自己与他人的关系。在这种本能倾向的作用下，当他人做出友好姿态以示接纳和支持我们时，我们会觉得"应该"对别人报以相应的回报，进而产生一种心理压力，迫使我们对他人也做出相应的友好姿态。否则，自己以某种观念为基础的心理平衡被破坏，我们就会感到不安。

2. 功利原则

日常生活中的社会交往，除了交互原则，更多的时候我们需要保持交往的平等性，即把握功利原则。此处的功利包括金钱、财物、服务，更包含着情感、尊重等。换句话说，人们都希望交往有所得，例如希望在交往中获得支持、关心、帮助、感情依托，等等。那些对自己来说是值得的，或是得大于失的交往关系，我们就倾向于建立和维持；无所得的社会交往、不值得的交往关系，我们就倾向于逃避、疏远或终止，否则我们无法保持心理平衡。

3.自我价值保护原则

大量的社会心理学研究证明，每个人心理活动的各个方面都存在一种防止自我价值遭到否定的自我支持倾向。这种倾向反映在社会交往中，就形成了自我价值保护的原则。我们在社会交往中应该充分注意这一点，正确理解他人。

4.同步变化原则

越来越喜欢我们的人，我们也会越来越喜欢他们；越来越不喜欢我们的人，我们也会越来越讨厌他们。我们对别人的喜欢不仅仅取决于别人喜欢我们的程度，而且还取决于别人对我们的态度的变化与性质。这就是社会交往同步变化原则，也被称为人际吸引水平增减原则。

根据这些人际交往的共同的心理原则，再与你观察了解到的对方的个人信息相结合，加以分析，就会比较容易地明白对方的意图，从而在与他的交往过程中占据主动地位，达到掌控对方的目的。

努力获得别人的信息

葛洛奇曾经是《华盛顿邮报》的新闻记者，后来成为《波士顿邮报》的发行人及大股东，有人问他取得成功的秘诀，他只说了一句话：努力去了解他人吧！

在他担任《波士顿邮报》的编辑时，他常常混杂在市区里熙熙攘攘的人群中，或者漫步在阶石旁，或者驻足稍息在旅店、商场的大厅里，敏锐地静听人们的谈话，了解读者的心理和嗜好，并以此确定他的编辑方针。

大凡成功的人，都是这样运用不同的方法去观察、研究他所要影响的一些人，然后按照他们的心理需求去满足他们。

查尔斯先生在纽约一家大银行供职。他奉命写一篇有关某公司的机密报告。他只知道有一家工业公司的董事长拥有他需要的资料。查尔斯便去拜访这位董事长。

第一次谈话没有结果，董事长不愿意提供任何资料。查尔斯回来后感到十分沮丧。查尔斯觉得自己必须换个方法才能说服董事长，他忽然想起一位朋友正是董事长的邻居。于是他通过朋友的儿子了解到董事长的儿子十分喜爱收集邮票，心里就有底了。

第二天他又去了，让人传话进去说，他要送给董事长的儿子一些邮票。董事长高兴极了，用查尔斯的原话说："即使竞选国会委员也没有这样热诚！他紧握我的手，满脸笑容。'噢，乔治！他一定喜欢这张，乔治准把它当成无价之宝！'董事长连连赞叹，一面抚弄着那些邮票。整整一个小时，我们谈论着邮票。奇迹出现了：没等我提醒他，他就把我需要的资料全都告诉了我。不仅如此，他还打电话找人来，把一些事实、数据、报告、信件全部提供给我。出门我便想起一句一个新闻记者常说的话：此行大有收获！"

查尔斯因为敏锐地捕捉到对他有用的信息，了解到别人的爱好而满载而归。

因此，如果你想要别人欢迎你，你就该记住一个信条：

对别人真诚地感兴趣，用心去了解别人。

所以，驾驭人的秘诀就在于探索别人的意向，尽量去获得别人的信息，并将它时刻牢记在心。

摸清对方的性格

人们在相互交往中，可能都有这样的体验：如果对一个人不了解，你和他在感情上就必然产生距离。一个人性格的形成，往往跟他生活的时代、家庭的环境、所受的教育和经历有关。我们在考察一个人的性格的时候，最好也要了解他的性格形成的原因。这样，你可能就会理解他、体谅他、帮助他，慢慢地，你们相互间就会增进了解，甚至还可能成为好朋友。

马超率兵攻打葭萌关的时候，诸葛亮对刘备说："只有关羽、赵云二位将军，方可对敌马超。"

这时，张飞听说马超前来攻关，主动请求出战。

诸葛亮佯装没听见，对刘备说："马超智勇双全，无人可敌，除非往荆州唤云长来，方能对敌。"

张飞说："军师为什么小瞧我！我曾单独抗拒曹操百万大军，难道还怕马超这个匹夫！"

诸葛亮说："你在当阳桥，是因为曹操不知道虚实，若知虚实，你怎能安然无事？马超英勇无比，天下的人都知道，他渭桥六战，把曹操杀得割须弃袍，差一点丧命，绝非等闲之辈，就是云长来也未必能胜他。"

张飞说："我今天就去，如战胜不了马超，甘当军令！"

诸葛亮看"激将"法起了作用，便顺水推舟地说："既然你肯立军令状，便可以为先锋！"

在《三国演义》中，诸葛亮针对张飞脾气暴躁的性格，常常采用"激将法"来说服他。每当遇到重要战事，先说他担当不了此任，或说怕他贪杯酒后误事，激他立下军令状，增强他的责任感和紧迫感，激发他的斗志和勇气，扫除轻敌思想。

虽然我们周围的人的情况各有不同，如对方的兴趣、爱好、长处、弱点、情绪、思想观点等，这些都值得我们注意，但身份与性格无疑是各种情况中最值得注意的方面。

不知你是否养过猫狗之类的宠物，如果没有，应该也看过宠物的主人如何爱抚它们吧！

爱抚宠物最基本的方法就是顺着它的毛轻抚，每当主人有这个动作时，猫就会眯起眼睛，并发出满足的叫声。狗呢？就快乐地摇起尾巴，甚至回过身来舔你的手你的脸，作为对你的回应。如果逆着毛摸呢？猫狗因为感觉不舒服，就算不咬你抓你，也要不高兴地跑开！

人其实也是如此，喜欢别人顺着"毛"摸！如果你能这么做，那么必有良好的人际关系，而且能让别人受到你的影响。

人当然没有一身的"毛"让你抚摸，人的"毛"就是性情、脾气、观念。你如果能摸清他的性格，顺着对方的脾气和他交往，不去违抗他，他当然会和你成为好朋友！

当然，"顺着毛摸"只是方法，而不是目的，你如果能成熟地运用这个方法，别人就会在不知不觉之中受到你的影响，甚至接受你的意志。

迎合他的兴趣

每个人都有自己感兴趣的东西，你若想接近某人或拉近与某人的关系，你就应该努力对他所感兴趣的事情作进一步的深入了解。利用这种兴趣，你便能架起一座与人沟通的桥梁。

在现实生活中，如果能够"投别人之所好"，那么你的人际交往就会顺利得多，事情也会好办得多。"投别人之所好"就是抓住了对方心中的欲望，然后想方设法地满足他的欲望。

在建立良好关系的过程中，实现双方兴趣上的一致是很重要的。只要双方喜欢同样的事情，彼此的感情就会融洽，这是合乎逻辑的。推而广之，对其他许多事情，彼此也就愿意合作了。

一个人的兴趣可分为两种：一种是对有关系的事物的兴趣，一种是对无关系的事物的兴趣。所谓有关系的事物，是指使你和别人共同发生兴趣的事物。利用这种兴趣，常常可以在彼此之间建立良好的关系。

可是有许多人对他们业务以外的某种事情更有兴趣。通常一个人所做的工作，不是出于自愿，而是为了谋生。但在业余时间他所关心的事情，则是他自己所选择的。换句话说，他最感兴趣的事情是办公室之外的事情。因此，从业务之外的事物上与某人接近，比在业务上与他联系更容易，更有效果。欲与别人建立共同的兴趣爱好，必须把你的真实兴趣表现出来。单单说一句很感兴趣的话是不够的，在对方的询问下，你不能掩饰你的喜好，否则可能弄巧成拙。

问题在于你怎么能使他人知道你和他对某件事有共同的兴趣。因此，你必须对他感兴趣的事有一定的了解，足以证明你和他是有共同语言的。越是值得接近的人，你就越应该努力了解他所感兴趣的事情作。

就像幼儿园的教师，有许多办法去哄小朋友，把一群哭哭闹闹的小孩哄得高高兴兴。这当然有她们的门道，其原因是她们能放弃自己的个性去迎合小朋友的兴趣和思想。

这种做法纯粹是出于热诚，而热诚永远是交际成功的因素。当你的内心充满热诚时，你向别人提出的将不是一个令人难堪的问题，而是别人乐于回答，或者是他所熟悉的问题。

你知道某人去过美国，如果你向他问及美国的事情，虽然你只不过想问问有关美国入境的手续，而他会连带告诉你纽约帝国大厦的电梯快到什么程度。

所以，如果可能的话，你应尽量找出他最感兴趣的事，然后再从这方面着手去接近他。这样做的主要目的是要使他对你发生兴趣，只有他对你产生兴趣，才愿意跟你谈话，只有这样才能拉近彼此的距离。

感情投资让你一本万利

一个人在生活中并不是孤立的，总不免要借助他人的力量，因此，你一定要寻找机会满足对方的需求。"源头"多了，"活水"自然取之不尽，用之不竭，以后你需要别人帮忙时就容易多了。

我们要常怀一颗帮助朋友之心，使周围的人感觉到自己的存在，感到友情的温暖。这样的感情投资，会让你一本万利。

处世为人，之所以提倡虚心，就是要求谨慎持守道德。舍己为人，亏己利人，薄己厚人，损己益人，把持着这四项基本观念，人们就会心悦诚服。

老子说过："尽力照顾别人，我自己也就更加充实；尽力给予别人，我自己反而更加丰富。"这就需要至诚，以最完美的德来辅佐这个最崇高的诚，使它感人至深。他人有恩德于你，虽是一碗饭的施舍，不能忘记；你有恩德于他人，虽是生死之恩也不能企望报答，不能向他人提及。这也就是古代圣人所说的"施恩德于人不望回报,受到他人恩惠千万不能忘记"的道理。

孔子也说："以富贵而下人，何人不尊；以富贵而爱人，何人不亲。"意思是说：以自己的富帮助他人富的人，即使想贫穷也不可能；以自己的贵去帮助他人贵的人，想贱也不可得到;以自己的达帮助他人达的人，想穷也不可能。

　　有很多人都是这样想的，求人是一种短平快的交易，何必花那么多的冤枉心思去搞马拉松式的感情投资呢？这是一种十足的短视。俗话说得好："平时多烧香，急时有人帮。""晴天留人情，雨天好借伞。"真正善于求人的人都有长远的战略眼光，早做准备，未雨绸缪，这样在着急时就会得到意想不到的帮助。

　　有些相互仇视的对手，往往原先是最亲密的伙伴。为什么走到这一步？往往是忽略了情感投资的结果，甚至已经忘掉了这一点。

　　很多人都有这种毛病，一旦关系好了，就不再觉得自己有责任去保护它了，往往会忽略双方关系中的一些细节问题。例如该通报的信息不通报，该解释的情况不解释，总认为"反正我们关系好，解释不解释无所谓"，结果日积月累，形成难以化解的问题。而更不好的是人们关系好之后，总是对另一方要求越来越高，总以为别人对自己好是应该的——因为我们关系好。但是稍有不周或照顾不到，就有怨言——怎么能这样呢？要是别人还可以原谅，但我们是朋友啊。由此便很容易形成恶性循环，最后损害双方的关系。

　　可见情感投资应该是经常性的，在人们的交际中不可少的，而且要从小处细处着眼，时时落在实处。

照顾好别人的面子

　　如果你是个对"面子"不在意的人，那么你必定是个不受欢迎的人；如果你是个只顾自己面子，却不顾别人面子的人，那么你必定会吃暗亏。

　　李迪每年都会受邀参加某单位的杂志评鉴工作，这工作虽然报酬不多，却是一项荣誉，很多人想参加却找不到门路，也有人只参加一两次，就再也没有机会了！别人问他为何年年有此"殊荣"，他在年届退休，不再参加此项工作后才公开秘诀。

　　李迪说，他的专业眼光并不是关键，他的职位也不是重点，他之所以能年年被邀请，是因为他很会给"面子"。

　　李迪说，他在公开的评审会议上一定把握一个原则：多称赞、鼓励而少批评；但会议结束之后，他会找来杂志的编辑人员，私底下告诉他们编辑上的缺点。

因此虽然杂志有先后名次，但每个人都保住了面子。而也就因为他能顾虑到别人的面子，因此承办该项业务的人员和各杂志的编辑人员，大家都很尊敬他、喜欢他，当然也就每年找他当评审了！

任何人都不是十全十美的，犯错误出洋相难以避免，这种时候给别人一个台阶下，巧妙地让别人从尴尬中走出来，人家会对你感激不尽，也会自然而然地喜欢你、帮助你。

为人处世，得和各色各样的人相处，要想相处和谐融洽，就得注意保全他人的面子。如若不然，结果可能被别人怀恨在心，在遭到对方报复的时候，还根本不明白是怎么回事儿；更可能会失去宝贵的友情、爱情，引起周围朋友对你的不满。

相反，你给人面子，正是你宽容大度、胸襟坦荡的表现，可以避免不必要的尴尬、难堪；还可以赢得友谊，赢得信赖，而他人的友谊和信赖往往能为你的成功助一臂之力。

人都爱面子，你给他面子就是给他一份厚礼。有朝一日你求他办事，他自然要把这个人情还给你，即使他感到为难或不情愿。这，便是操作人情账户的精义所在。

当对方尴尬的时候，在对方感觉没面子的时候，主动地给对方一个台阶，如此给人面子，你也将会获得天大的面子。

关键时刻拉人一把

有成功，就有失败；有得意者，就有失意者。或许你昨天还是成功的典范，是一个意气风发、春风得意的人，到了今天，你就可能由于某种原因而一贫如洗，变成一个普普通通的人，甚至无家可归，流落街头……在当今社会，这种现象并不罕见。

失意者的情况各不相同，有的是政治原因，有的是思想品德所致，还有的是工作失误的结果。不管是主观原因还是客观原因，对于失意者来说，从天上掉到地下，其痛苦心情可以想象。在这种际遇地位剧烈变化的情况下，不少人自惭形秽，觉得没脸见人，也有的则更加自尊、敏感，对他人的态度往往异常关注。

人生不可能一帆风顺，挫折、背时是难免的。落难之时，虽然自己倒霉，但也是对周围人们，特别是对朋友的考验。远离而去的可能从此成为路人，同情、帮助其渡过难关的，他可能感激你一辈子。所谓莫逆之交、患难朋友，往往就是在困难时候形成的。这时形成的友谊也往往最有价值，最让人珍视。

在"文化大革命"中，有一位领导被关了牛棚，没有人敢接近他。他的心情很苦闷，一度丧失了生活信心，动了自杀的念头。这时他的一个部下，不怕受连累，主动来见他，给他送东西，并开导了他，甚至狠狠地批评他的轻生思想，鼓励他，指出他的前途是光明的。他终于坚持了下来。后来这位领导十分感谢他的这个部下，把他当成知己。这个部下得了重病，他把自己的全部积蓄拿出来给他看病，后来又把他接到自己家里疗养，可见莫逆之交感情之深。

"我不知道他那时候那么痛苦，即使知道了，我也帮不上忙啊！"许多人遗憾地说。这种人与其说他不知道朋友的痛苦，不如说他根本无意知道。

人们总是可以敏感地觉察到自己的苦处，却对别人的痛处缺乏了解。他们不了解别人的需要，更不会花工夫去了解；有的甚至知道了也佯装不知，大概是没有切身之苦、切肤之痛吧。

虽然很少有人能做到"人饥己饥，人溺己溺"的境界，但我们至少可以随时体察一下别人的需要，时刻关心朋友，帮助他们脱离困境。当朋友身患重病时，你应该多去探望，多谈谈朋友关心的或感兴趣的话题；当朋友遭到挫折而沮丧时，你应该给予鼓励："这次失败了没关系，下次再来。"当朋友愁眉苦脸、郁郁寡欢时，你应该亲切地询问他们。这些适时的安慰会像阳光一样温暖受伤者的心田，带给他们希望。

不要怕吃亏

生活中总有这样的人，他们做事时一门心思只考虑不能便宜了别人，却忽视了于自己是否有利。让别人占点便宜，是为了自己以后不吃亏，所以做事要有"手腕"，不要怕便宜了别人。

在我国汉朝时期的浙江，有个叫陈嚣的人，为人忠厚忍让。陈嚣与纪伯是邻居，某天夜里，纪伯偷偷地将隔开两家的竹篱笆，向陈家移了一点，以便让自己的院子宽一点，恰好给陈嚣看到了。纪伯走后，陈嚣将篱笆又往自己这边移了一丈，使纪伯的院子更宽敞了。纪伯发现后，很是惭愧，不但还了侵占陈家的地，而且还将篱笆往自己这边移了一丈。

陈嚣的主动吃亏，让纪伯感到内疚，他产生了"以小人之心，度君子之腹"的感觉，就欠了陈嚣的一个人情。每当他想起时，他还会内疚，还会想法报答纪伯。

不管是大亏还是小亏，对办事有帮助的，你要尽可能地吃下去，不能皱眉。尤其是大亏，有时更是一本万利的事情。

徐先生从香港到广州，投资 200 多万港币，在花园酒店附近，兴建了第一家饭店——南海渔村，但开张很不顺利，头三个月就亏了 50 多万元。

一天，他在同一条街上看到两家时装店，一家生意兴旺，另一家却相当平淡。什么原因呢？他走进那家旺店一看，原来店里除了高档货外，还有几款特价服装。

他受到了启发，于是就创出了"海鲜美食周"的点子——每天有一款海鲜是特价的，售价远远低于同行的价格。当时，基围虾的市场价格为 500 克 38 元，徐先生把它们降到 18 元。不出所料，凭借这一举措，很多食客就冲着那一款特价海鲜，走进了南海渔村大门。

降低价格，原是要亏本的，但由于吃的人多，每月销出 4 吨基围虾，结果不但没亏本，反而赚了钱。

自此以后，南海渔村门庭若市，顾客络绎不绝。

饭店酒楼的经营者之所以能够成功，往往是在人的"贪便宜"、"好尝鲜"的本性上做足了文章。因为贪便宜，一看到原本 38 元一斤的基围虾跌到 18 元一斤，于是人们便蜂拥而至抢便宜货，酒楼因此也就出了名，大把的钱自然流入老板腰包。

当然，让别人占点便宜并不是要大家随时随地都去吃亏。吃亏是有学问，有讲究的。我们要学会吃亏，要吃在明处。这样做你才能让别人觉得欠你人情，以后你若有求于他，他才会全力以赴。

让对方只能说"是"

与别人在一起谈话讨论时，不要开始就谈及意见不同的事，而要以彼此见解一致的事情为话题。要让他感到你们彼此追求的目的是相同的，而你们的唯一差别是方法上的不同。所以一开始你就要形成一致意见，而千万不要产生意见分歧而导致谈话破裂。因为假若一开始双方就针锋相对，那他会存下反辩的成见，如此你就算再说上千言万语，而且是句句实言，再要使他改变过来接受你的观点是不大容易的。所以求人办事，先得迎合对方的心理，使对方觉得这次交谈是商讨，而不是争辩。

道理何在呢？因为每个人都要维护自己的尊严，他一开始就持否定态度，即使后来他知道自己错了，然而世上有几个人能心甘情愿认错？为了他的自尊，他对自己所说的每句话都会坚持到底，所以我们要绝对避免对方一开口就说"不"字。

要使别人做出"是"的答复，技巧很简单，但往往被人们所忽略。

有一个叫亚力森的西屋公司推销员，他花了很大的劲，才卖了两台发动机给一家大工厂的工程师。他决心要卖给这位工程师几百台发动机，因此几天后又去找这位工程师。没想到那位工程师说：

"亚力森，你们公司的发动机太不理想了。虽然我需要几百台，但我不打算要你们的。"

亚力森大吃一惊，问："为什么？"

"你们的发动机太热了，热得我的手都不能放上去。"

亚力森知道，跟他争辩是不会有好处的，急忙采用另一种策略。他说："史密斯先生，我想你说的是对的，发动机太热了，谁都不愿意买。你要的发动机的热度，不应该超过有关标准，是吗？"

"是的。"——亚力森得到了第一个"是"。

"电器制造公会的规定是：设计适当的发动机可以比室内温度高出华氏 72 度，是吗？"

"是的。"——亚力森又得了第二个"是"。

"那你的厂房有多热呢？"

"大约华氏 75 度。"

"这么说来，72 度加 75 度一共是 147 度。把手放在华氏 147 度的热水塞门下面，想必一定很烫手，是吗？"

亚力森得到了第三个"是"。紧接着他提议说："那么，不把手放在发动机上行吗？"

"嗯，我想你说得不错。"工程师赞赏地笑起来。他马上把秘书叫来，为下一个月开了一张价值 35000 美元的订单。

这种说服的方法，是两千年前希腊大哲学家苏格拉底所用的。现在这种"苏格拉底式的辩证法"就是以得到对方的"是"的反应，使对方不断地说"是"，无形中把对方"非"的观念改变过来。

记着我们今后要求人办事的时候，就要应用苏格拉底的方法，使对方多说"是"，减少对方的反感。

迂回也能达到目的

有事求人，而又跟对方不熟的时候，我们总觉得很难开口。如果对方是名人或有头衔的人，我们甚至会产生胆怯的心理，结果不太敢开口说明自己的请求，如此一来双方都很尴尬。在这样的场合，你就得会绕弯子，不要急着直奔主题，而是先从对方的兴趣、近况谈起，让对方觉得你对他的事情很了解。我们可以说："听说您最近戒烟了，是否是真的？""前几天我在电视上看到您了。"这些好像没有什么重大意义的话，可以打开对方的心扉，将他拉进自己的话题中。

这样绕弯子，才不会碰钉子，事情才能更快地得到解决。不要以为绕弯子、兜圈子浪费时间，很多时候，最短的路未必就是最快的路。

有人说，说话越短越好，但简短的言辞并不表示就得单刀直入地说，即使简短，也可以说得迂回婉转，幽默有趣而又一针见血。

在一次新闻界的餐会之中，美国总统艾森豪威尔应大家的要求站起来说话。他说："大家都知道，我不是善于言辞的人。小时候我曾经去拜访过一个农夫，我问这个农夫：'你的母牛是不是纯种的？'他说不知道，我又问：

'这头牛每个星期可以挤出多少牛奶呢？'他也说不知道。最后，他被问烦了，就说：'你问我的我都不知道，反正这头牛很老实，只要有奶，它都会给你。'"

艾森豪威尔笑了笑，对所有在场的新闻界人士说："我也像那头牛一样老实，反正有新闻，一定都会给大家。"

这几句话让大家哄堂大笑，因为简直就是兜着圈子告诉大家，你们没事别紧追着我问，反正我有新闻一定会给你们嘛！

迂回的目的是要找沟通的最大公约数，或是争取更多的时间以利沟通的进行。如果沟通不良也可以考虑凭借迂回的方式，这种跳离原来的沟通模式，以特殊方法突破沟通的障碍，让沟通管理保持畅通。

某些以鱼类为生的鸟类，其嘴的形状直直的，上下两部分都又长又宽阔。他们在吞吃食物时，常常会把捕到的鱼儿往空中一抛，让那条鱼头朝下尾朝上落下来，然后一口接住咽了下去。这样的吃法可以使鱼在通过咽喉时，鱼翅的骨头由前向后倒，不会卡在喉咙里。

连鸟类都会绕弯子，"把鱼倒过来吃"，那些赤膊上阵、硬碰钉子的人类是不是显得太傻了？求人办事总会碰到各种各样的"刺儿"，这个时候便不能"直肠子"，而应该想办法兜个圈子，绕个弯子，避开钉子，寻求最快的解决之道。这是做人做事应该具备的策略和手段。

与周围的人相处时，有些话不能直言，得拐弯抹角地去讲；有些人不易接近，就少不了逢山开道、遇水搭桥；搞不清对方葫芦里卖的什么药，就要投石问路、摸清底细；有时候为了使对方减轻敌意，放松警惕，我们便绕弯子、兜圈子，甚至用"顾左右而言他"的迂回战术，将其套牢。

生活中不少人是"直肠子"、"一根筋"，为人处世"碰倒南墙不回头"，10头公牛也拉不回来。这样的人最该学点迂回术，肠子多几个弯弯绕，否则就得做好碰钉子的心理准备。

一言以蔽之：懂得迂回，绕几个圈子，能使你在人际关系中得到最大的实惠。

为对方的情绪考虑

推销大师吉拉德说："当你认为别人的感受和你自己的一样重要时，才会出现融洽的气氛。"我们需要多从他人的角度考虑问题，如果对方觉得自己受到重视和赞赏，就会报以合作的态度。如果我们只强调自己的感受，别人就会和你对抗。

有6位顾客拒绝向一家汽车公司支付服务费，理由是某些账目出了错。但事实上，每项服务完成时他们都签了字。因此公司认为他们确实享受过那些服务，于是公司派出业务员催讨这些账款。催账的业务员分别拜访了每一位顾客，并声称公司有足够的证据证明他们享受过那些服务，因此毫无疑问是他们自己出了错。他还暗示，公司的专业人员对汽车的技术问题远比顾客懂得多，因此没什么可争论的。结果呢？他们恰恰为那些"没什么可争论的"问题争了起来，欠款自然也就无法收回。

事情搞僵了之后，贷款部经理准备和那些顾客打官司。这件事引起了总经理的关注，他调查了这几位顾客的信誉状况，发现他们以前付账都很爽快。他意识到这里面一定有什么不对，于是，他让善于处理纠纷的詹姆斯·托马斯去收取这些账款。

托马斯也知道这笔账款绝对没错，但他对此只字不提。他向顾客解释说，他来调查公司是否有什么疏忽的地方。在顾客陈述完自己拒付的理由之前，托马斯没有发表任何意见，他只是耐心地听，并对顾客的谈话表现出足够的兴趣和同情。等到气氛完全缓和下来时，托马斯决定唤起顾客的高尚动机。他对顾客说："我也觉得这件事我们没有处理好。我们公司的代表曾给你带来了麻烦，使你觉得不快，我真的很遗憾。我也是公司的一名代表，我代表公司向你道歉。我听了你的说明，我认为你是一个非常喜欢公平的人，因此我想请你帮我一个忙，我相信你比任何人都有资格做这件事。这里有一张你的账单，请你自己对这张账单作一下估价，数额由你决定，你说多少就算多少。"

托马斯对6位顾客都使用了这种说话方式，结果他们全都表现得很慷慨。除了一个人对某项有问题的款项坚决拒付外，其他5个人全都按最高额付了款。最神奇的是，在随后的两个月之内，这6位顾客都向托马斯订购了新车。

因此，与人相处时，应该考虑对方的感情，看他是否乐意，心中有何想法，是否接受请求。

因为人是感情动物。我们主观上讲逻辑、讲道理，但不应该忽视感情这一点。如果你想跟别人建立融洽的关系，就要考虑到别人的感情。正如保罗·帕卡所说："在与人交流中讲感情比讲理性更能成功。"正如小说家约瑟夫·康拉德说的："给我合适的字眼、合适的口气，我可以把地球推动。"

只有考虑到别人的情感，照顾到别人的情绪，在请人办事时才有可能被人接受，不至于被一口回绝。

为对方的情绪考虑可以是多种多样的，经常用的主要有以下两点：

(1) 发现对方的"闪光点"。要善于赞扬别人，善于从理解的角度真诚地赞美别人。而且要善于观察，善于发现对方美好的一面。

(2) 寻找对方的"兴趣点"。在与别人交谈时，往往会遇到这种情况，对方不是在听你说，而是在做或在想别的事情；或者是嘴里应付着，眼睛却注意着别处；或者是转移话题，跟你瞎扯……遇到这种情况，你就应该尽快放弃你的话题，寻找他的"兴趣点"。

记住：对别人而言，你是站在围墙的另一边。所以他只能从他的利益观点来看事情。考虑一下他的看法、感觉是什么，还有为什么。他知道他的问题在哪里，大概相信比较起来你的问题还比较次要，这又有部分是源自每个人固有的孩子气且以自我为中心的观点。

如果你想要开始了解别人，你必须这样做：让他们说话，并试着让自己站在他们的立场上。有求于人时更应如此。

卸掉人情的包袱

很多人都知道"人脉"对成功的重要性，都懂得"感情投资"，放长线钓大鱼，同时人们都很讲究面子，如果谁欠了别人的情分太多，就会感到有失面子，人情就会像包袱一样使人不堪重负。

人们常说"滴水之恩"需"涌泉相报"，若欠的人情多了，你能有多少个"涌泉"呢？这是一个方面。另一方面，人情也需要保持一种大体上的平衡，你欠了别人一份小情，如果还了大情，岂不吃亏？而若欠得久了，还不上这份人情，对你来说又是一种包袱、一种负担。所以，聪明的人总是尽量不欠别人太多的人情，也争取找机会把人情还上，以卸掉在自己心头的人情包袱。

《论语》上说："惠则足以使人。"意思是说，给你恩惠就足以使唤你了。所以，面对朋友施与的小恩小惠、大恩大惠，在接受时要慎重，能不接受的尽量不接受。"吃了人家的嘴软，拿了人家的手短"。嘴软了，在人家面前说话便不仗义；手短了，在人家面前就难以再伸手。

然而，朋友间的礼尚往来是极其正常的。朋友带来的东西，你不收，他觉得你不给面子，你再让他带回去，更是有损他的尊严了。所以，你也不能太驳人家的面子，盛情难却，你可以暂时收下，但你必须根据对方礼物的轻重将这个人情送回去。你要去回访他，带着差不多的馈赠，两下扯平，也不会伤了和气。这没有什么不好意思的，不要像孔子那样，收了人家的礼，必须回访，又不想同人家碰面，专找一个人家不在的时候去，却想不到在路上不期而遇。

朋友布施人情的惯常手段就是请你吃饭。这时脑袋要转得快些，知道对方是谁，要弄清关系网，搞清朋友圈，然后，再想想该接受还是推掉。

避免人情债，要有自知之明。然而，有的人就爱打肿脸充胖子，认为自己无所不能，朋友一求，马上一拍胸脯，包在身上。更有甚者，明知自己办不成，还硬往自己身上揽。

办事千万别逞强，办不成的事，要老实地说，没什么不好意思的。蒋干就是有点自不量力，事没办好不说，居然还上了人家的当。办不了的事就是办不了，朋友之所以来找你，就因为他也办不成，别因为你帮不上别人的忙而不好受，与其将事情搞砸，还不如让他另请高明。这样可以避免背上人情的包袱，你的人生之路即会轻松很多。

第四章

低调处世，于不知不觉中掌控他人

低调做人就是不招摇，不在别人面前炫耀自己。凡事都做到心中有数，自己有本事要在最恰当的时候拿出来，即使成功也不骄傲。低调是成就大事的最佳心态，收敛锋芒，韬光养晦，才能避免无谓的争端，从而保全自己，取得成功。而成功后更要保持低调，只有这样，你才能取得更大的成功。

低调才能守住自己的底牌

为人处世应设法隐藏实力。亮出自己底牌，别人势必按牌来攻，在人际往来中必然会处于被动位。混得再"背"，也不要向别人诉苦，而要做出志得意满的姿态。即便很成功也不要亮底曝光，出人意料更能使人心悦诚服。

要做到严守底牌的最好办法是以静制动，干脆置之不理。比如说你的位置重要到能够引起人们的期待时，则此种情况更是如此。即使你必须开诚布公，也最好避免什么都和盘托出。不要让人把你里里外外一览无余。小心谨慎是靠缄默来维持的。

聪明人应当对不怀好意的人置之不理，并且深藏起你个人的烦恼或对家庭的忧虑，因为即便是命运女神有时也喜欢往你的痛处下手。你的那些丑事或心中的好事，都应深藏不露，以免前者不胫而走，后者烟消云散。

处世中，一定不要和盘托出全部实情，因为吐露真言如从心脏放血，需要极高的技巧。冲动是泄密的"大门"，最实用的技巧在于掩饰。并非所有真相都可以讲，亮出自己底牌的人可能会输掉牌局。

北宋丁谓任宰相时期，把持朝政，不许同僚在退朝后单独留下来向皇上奏事。只有王曾非常乖顺，从没有违背过他的意图。

一天王曾对丁谓说："我没有儿子，老来感觉孤苦，想要把亲弟弟的一个儿子过继来为我传宗接代。我想当面乞求皇上的恩泽，又不敢在退朝后留下来向皇上启奏。"

丁谓说："就按照你说的那样去办吧！"

王曾趁机单独拜见皇上，迅速提交了一卷文书，同时揭发了丁谓的行为。丁谓刚起身走开几步就非常后悔，但是已经晚了。没过几天，宋仁宗上朝，丁谓就被贬到崖州去了。王曾能顺服丁谓的苛求，而终于实现揭发丁谓的目的，不能不依赖其低调的韬光养晦之功。

《阴符经》说："性有巧拙，可以伏藏。"它告诉我们，善于低调伏藏是事业成功和克敌制胜的关键。一个不懂得低调伏藏的人，即使能力再强，智商再高，也难战胜敌人。

涉世之初的年轻人往往个性张扬，率性而为，不会委曲求全，结果可能是处处碰壁。而涉世渐深后，就知道了轻重，分清了主次，学会了内敛，少出风头，不争闲气，专心做事。保持生命的低姿态，避开无谓的纷争，避开意外的伤害，才能更好地保全自己，发展自己，成就自己。

老子说，当坚硬的牙齿脱落时，柔软的舌头还在。柔弱胜过坚硬，无为胜过有为。我们应学会在适当的时候保持适当的低姿态，这绝不是懦弱和畏缩，而是一种聪明的处世之道，是人生的大智慧、大境界。

所以永远不要暴露自己的意图，不要轻易亮出自己的底牌，不要让自己的锋芒在别人的眼前晃动。人生好比一场战斗，要学会隐藏自己、埋伏自己。只有学会防守，使自己得以保全，才能在帷幄中运筹进攻的策略和等待进攻的时机。

不要告诉人家你更聪明

19世纪的英国政治家查士德·斐尔爵士曾对他的儿子说道：要比别人聪明——如果可能的话，却不要告诉人家你比他聪明。

三国时期，杨修在曹操手下任主簿，起初曹操很重用他，杨修却仗着自己的才气变得不安分，遇事喜欢耍耍小聪明。有一次有人送给曹操一盒奶酥，曹操吃了一些又盖好，并在盖子上写了"一合酥"三个字，大家都弄不懂这是什么意思。杨修见了，就拿起匙子和大家分吃，并说："这是叫人各吃一口啊，有什么可怀疑的！"

一次，曹操令人建一座花园。快竣工了，监造花园的官员请曹操来验收察看。曹操参观花园之后，是好是坏是褒是贬一句话也没有说，只是拿起笔来，在花园大门上写了一个"活"字，便扬长而去。

一见这情形，大家犹如丈二和尚摸不着头脑，怎么也猜不透曹操的意思。杨修却笑着说道："门内添'活'字，是个'阔'字，丞相是嫌园门太阔了。"官员见杨修说得有道理，立即返工重建园门，改造停当后，又请曹操来观看。曹操一见重建后的园门，不禁大喜，问道："谁知道了我的意思？"左右答道："是杨修主簿。"曹操表面上称赞杨修的聪明，其实内心已开始忌讳杨修了。

杨修最后一次聪明的表露是在曹操自封为魏王之后。曹操亲自引兵与蜀军作战，战事失利，进退不能，长期拖下去，不仅耗费钱粮且会挫伤士气，真的撤兵无功而归，又会遭人笑话。是进是退，当时曹操心中犹豫不决。此时厨子呈进鸡汤，曹操看见碗中有鸡肋，因而有感于怀，觉得眼下的战事，有如碗中之鸡肋，"食之无肉，弃之可惜"。他正沉吟间，夏侯惇入帐禀请夜间号令。曹操随口说："鸡肋！鸡肋！"夏侯惇传令众官，都称"鸡肋"。杨修见传"鸡肋"二字，便教随行军士各自收拾行装，准备归程，有人报知夏侯惇，夏侯惇大惊失色，立即请杨修到账中问他："为什么叫人收拾行装？"杨修说："从今夜的号令，便知道魏王很快就要退兵回去了。""你怎么知道？"夏侯惇又问。杨修笑道："鸡肋者，吃着没有肉，丢了又觉得它味道不错。

魏王的意思是现在进不能胜，退又害怕人笑话，在此没有好处，不如早归，明天魏王一定会下令班师回转的。所以先收拾行装，免得临行慌乱。"夏侯惇说："您可算魏王肚里的蛔虫，知道魏王的心思啊！"他不但没有责怪杨修，反而也命令军士收拾行装。于是寨中各位将领，无不准备归计。

当夜曹操心乱，不能入睡，就手按宝剑，绕着军寨独自行走。只见夏侯惇寨内军士，各自准备行装。曹操大惊，我没有下达撤军命令，谁竟敢如此大胆，作撤军的准备？他急忙回帐召夏侯惇入帐。夏侯惇说："主簿杨修已经知道大王想返归意思。"曹操叫来杨修问他怎么知道，杨修就以鸡肋的含意对答。曹操一听大怒，说："你怎敢造谣乱我军心！"不由分说，叫来刀斧手将杨修推出去斩了，把首级悬在辕门外。曹操终于寻得机会，除掉了杨修，杨修也终于结束了他聪明的一生。

杨修确实够聪明，聪明得能看透别人看不到的很多东西，能猜透别人猜不透的许多事情。然而，他又太愚蠢了，愚蠢得不知如何保护自己。他到死都不明白，正是他的过分外露的才智使他成了刀下鬼。

俗话说，"是金子总会发光"，如果你是真正的人才，就不要总是在别人面前随便地"卖弄"。那样，不但使你的才华变得"廉价"，有时还会给你惹来不必要的麻烦。

切勿让别人一眼看透你

人生处世，最重要的莫过于时时处处都要留一手，尤其是自己的弱点，更不可随意暴露出来。否则，让别人一眼就把你看透，你只能处于被动地位。

晚清名臣曾国藩非常重视对己方虚实的掩饰。咸丰九年（公元1859年）正月二十二日，曾国藩在给部将张运兰的信中教导说道："兵法最忌形见势绌四字，常宜隐隐约约，虚虚实实，使贼不能尽窥之底蕴……必须变动不测，时进时退，时虚时实，时示怯弱，时示强壮，有神龙矫变之状。老湘营昔日之妙处，全在乎此。"

湘军初建之时，人数仅有数千，而太平军动辄上万。在敌强我弱的情况下，曾国藩充分发挥了避实击虚的战术，掩饰住自己的弱势，从而逐渐以少胜多，以弱胜强，在斗争中不断强大，最终从根本上扭转了局面。

掩藏自己的弱点，特别是致命的要害之处，这是战胜对方最好的策略。

有这样一个古代的故事：一伙强盗来到一户人家打劫，正巧这户人家的男人都不在家，家里只有三个妇女。强盗先在室外试探虚实。这户人家用箭阻拦强盗，两个女人拉紧绳子，一个女人将箭安在绳子上，从窗户往外射，射了几支，强盗仍不走，可是箭已快用完了。这时，一个女人大声呼喊："取箭来！"另两个女人从屋内棚子上把一捆麻秆扔到地上，发出的声音跟箭落地一样。强盗们大吃一惊："有那么多箭，看来难以制服她们了。"于是，强盗只好作罢。

让人看不透的方法之一是虚张声势，借以掩饰自己的底牌。当你拥有一定实力时，深藏你的杀手绝技，你才可能永为人师；不把你的看家本领通盘托出，你才可能使别人永远对你捉摸不透，从而长享盛名。只有深藏不露，才不会给敌手以破绽，让人对你有一种深不可测的畏惧感，从而产生震慑力量。

人不显露，所以不可测知。有人认为自己的行为谨慎，却不知道自己早已被人看透。做人应如一潭秋水，不能一眼见底，要深藏不露，这样才能使对手捉摸不透，无法算计你。

低姿态是成功者的姿态

以低姿态出现只是一种表面现象，是为了让对方从心理上感到一种满足，使他愿意与你合作。实际上越是表面谦虚的人，越是非常聪明的人。当你表现出大智若愚来，使对方陶醉在自我感觉良好的气氛中时，你就已经受益匪浅，已经达到了你的目的。

你谦虚时显得他高大；你朴实和气，他就愿与你相处，认为你亲切、可靠；你恭敬顺从，他的支配欲得到满足，认为与你配合很默契，很合得来；你愚笨，他就愿意帮助你，这种心理状态对你非常有利。

相反，你若以高姿态出现，处处高于对方，咄咄逼人，对方心里会感到紧张，而且容易产生一种逆反心理，使工作难以进行。

因此，为了把事办成，不妨常以低姿态出现在别人面前。使别人感到安全时，你自己也是安全的。

有些被求者，以为帮助了别人，有恩于你，心理上会不自觉地产生一种优越感，说不定还要对你数落一番。当你认为自己可能会被人指责时，不妨先数落自己一番，当对方发觉你已承认错误时，便不好意思再指责你了。

赫蒙是美国有名的矿冶工程师，毕业于美国的耶鲁大学，又在德国的佛莱堡大学拿到了硕士学位。可是当赫蒙带齐了所有的文凭去找美国西部的大矿主赫斯特的时候，却遇到了麻烦。那位大矿主是个脾气古怪又很固执的人，他自己没有文凭，所以就不相信有文凭的人，更不喜欢那些文质彬彬又专爱讲理论的工程师。当赫蒙前去应聘递上文凭时，满以为老板会乐不可支，没想到赫斯特很不礼貌地对赫蒙说："我之所以不想用你，就是因为你曾经是德国佛莱堡大学的硕士，你的脑子里装满了一大堆没有用的理论，我可不需要什么文绉绉的工程师。"聪明的赫蒙听了不但没有生气，相反，心平气和地回答说："假如你答应不告诉我父亲的话，我要告诉你一个秘密。"赫斯特表示同意，于是赫蒙对赫斯特小声说："其实我在德国的佛莱堡并没有学到什么，那三年就好像是稀里糊涂地混过来一样。"想不到赫斯特听了笑嘻嘻地说："好，那明天你就来上班吧。"就这样，赫蒙在一个非常顽固的人面前通过了面试。

美国著名政治家帕金斯30岁那年就任芝加哥大学校长，有人怀疑他那么年轻是不是能胜任大学校长的职位，他知道后只说了一句："一个30岁的人所知道的是那么少，需要依赖他的助手兼代理校长的地方是那么的多。"就这短短一句话，使那些原来怀疑他的人一下子就放心了。人们遇到了这样的情况，往往喜欢尽量表现出自己比别人强，或者努力地证明自己是有特殊才干的人，然而一个真正有能力的领袖是不会自吹自擂的，所谓"自谦则人必服，自夸则人必疑"就是这个道理。

保持低姿态，先让别人感到缺他自己不成，努力寻找并讲出对方的优点，都会让对方有面子，感到光彩。这样一来，对方与你的关系和前景便不言而喻。最终，得到好处、被人尊重的，还是你自己。可以说，低姿态正是赢者的姿态。

避免成为别人的靶子

身负绝世才华是好事，但如果丝毫不懂收敛，也是很难立足的，甚至会招致厄运。

古今中外，一些过分张扬、锋芒毕露之人，不管功劳多大，官位多高，多数不得善终，这是尽人皆知的历史教训。

吴王箭射灵猴的故事留给人们的启迪正在于此。

吴王乘船在长江中游玩，登上猕猴山。原来聚在一起戏耍的猕猴，看到吴王前呼后拥地来了，立即一哄而散，躲到深林与荆棘丛中去了。

但有一只猕猴，想在吴王面前卖弄灵巧，它在地上得意地旋转，旋转够了，又纵身到树上，攀援腾荡。吴王看这猕猴如此逞能，很是不舒服，就弯弓搭箭射它，那猕猴从容地拨开射来的利箭，又敏捷地把箭接住。吴王脸都气红了，命令左右一齐动手，箭如风卷，猕猴无法脱逃，立即被射死了。

吴王回头对他身边的人说，这灵猴炫耀自己的聪明，倚仗自己的敏捷傲视本王，以致丢了性命。要以此为戒呀！可不要用你们的姿态声色骄人傲世啊！

时常有人稍有成就便洋洋自得，到处炫耀，以此获得他人的奉承，但往往也因此为自己招致祸患。所以在处于被动境地时一定要学会藏锋敛迹、装憨卖乖，千万不要把自己变成对方攻击的靶子。

三国时的祢衡年少才高，二十来岁时便跻身名士权贵之中。祢衡目空一切，很瞧不起那些所谓的上层贵族高人，把他们视为酒囊饭袋，行尸走肉。祢衡眼下，举世无才。

汉献帝初年间，孔融上书荐举祢衡，大将军曹操欲召见他，祢衡不知道天高地厚，出言不逊。曹操心中不快，最后给他封了个击鼓小吏，以羞辱他。祢衡也因此更嫉恨曹操。一次曹操大会宾客时，命祢衡穿鼓吏衣帽击鼓助乐，祢衡竟当众裸身击鼓，以羞辱曹操，扫他们的兴。曹操对之深以为恨，但曹操聪明，不愿杀祢衡而脏了自己的手。他把祢衡送给荆州牧刘表。

不久，祢衡又因倨傲无礼而得罪了刘表。刘表也很聪明，不杀祢衡，把他打发到江夏太守黄祖那里去了。祢衡在黄祖那里，仍是率性如前。一次，祢衡竟然当众顶撞黄祖，骂他："死老头，你少啰唆！"黄祖气极，一怒之下把他杀了。祢衡死时只有 26 岁。

祢衡的杀身之灾，全因他的才气和性情所为。人有才情，本是天赐良物，正好周济人生。祢衡却相反，恃才傲物，因情害事，不知天下大于人才，权柄重于才情，最终唐突权贵，以身涉险并终被人杀。这是使个性、才情不得善终的一个典型事例。才智，除自身的审美和创造外，也包括对他人和环境的审视、知晓和防范，以至利用。而不是糊里糊涂地，以一己之小暴突世界之大，最终横遭不测。

跟他人在一起，要懂得收敛自己的锋芒，不要以为只有自己是最优秀的，非自己不足以达到目标，只图自己想干想说，好干好说，要多从他人角度，想想他人会怎样想，他人又会怎样说，他人将怎样做。这样才不至于四面树敌，让自己丧于他人之灾的浪潮之中。隐藏自己的锐气，做一个成熟而有城府的人，你的路就会好走很多。

沉默是金

世界上常有这样的情况，说话越多错误越多，不说话的人反倒不会犯什么错误。这样，无论风云如何变幻，都能不留把柄，立身而不倒。

芸芸众生，对于那个与你仅有一面之交便一览无余的人，你会觉得索然无味，因为他说的话太多。而那个一直保持沉默的人，你不仅仅对他印象深刻，而且产生了探寻他的愿望。

沉默是一种养晦之术，是未竟之美，是力量的深层积蕴。

某房地产公司里有一个好斗的女孩子，很多同事在被她攻击之后不是辞职就是请调。

一天，她的矛头指向了一个平日只是默默工作、话语不多的女孩，谁知那位女孩只是默默地笑着，一句话没说。

最后，好斗的那个女孩主动鸣金收兵，但已气得满脸通红，一句话也说不出来了。

过了两个月，好斗的女孩子竟然自己主动辞职了。

为人处世"非有城府，不足以立世"，含蓄低调，来自于自我控制的黑白转化之功。能够像冰山一样只露出一角，让人摸不透你的心思，你便不但自保无虞，而且具有强大的威慑力。要做之事莫尽言，说出的话莫照做，让人无法掌握、透视你的思路。

聪明人如果想得到别人的尊敬，就不应该让别人看出他有多大的智慧和勇气。让别人知道你，但不要让他们了解你，没有人看得出你真正的实力。让别人猜测你，甚至怀疑你的才能，要比显示自己的才能更能获得崇拜。你要不断培养别人对你的期望，不要一开始就展示你的全部所有。隐瞒你的力量和知识的诀窍是要"胸有城府"。当别人侮辱自己的时候，能够克制情绪，而不要马上觉得自己失了面子而火冒三丈、恼羞成怒，更不能抱着一种"人不犯我，我不犯人；人若犯我，我必犯人"的心理，大打出手，破口大骂，非要把面子争回来不可。在这种情况下，"不惊"首先是心平气和地接受这一事实，至于以后如何，等等再说。

有人说："深沉的缄默是天才标志。"此言确实有理。一切伟大的人物都懂得沉默的价值。智者们都从沉默中得到了好处，只有他们才理解沉默的价值。所以，甘地说："沉默是信奉真理的人的精神训练之一。"吉辛则说："人世愈来愈吵闹，我不愿在增长着的喧嚣中加上一份，单凭了我的沉默，我也向一切人奉献了一种好处。"

扮傻是保护自己的最好方法

在动物世界里，"拟态"和"保护色"是很重要的生存手段。"拟态"是指动物或昆虫的形状和周围的环境很相似，让人分辨不出来。例如有一种枯叶蝶，当它停在树枝上时，褐色的身体就像一片枯叶一样，如不细看，根本发现不了它。"保护色"是指动物身体的颜色和周围环境的颜色接近，当它在这个环境里时，它的天敌便不易找到它。比如蚱蜢好吃农作物，它的身体是绿色的，这颜色便是它的保护色。

扮傻就是一种"拟态"和"保护色"。例如初到一个新单位，应尽量入乡随俗，认同这个单位的文化，随着这个单位的脉搏跳动和呼吸。也就是说，遵守这个单位的"规矩"和价值观念，要寻找"保护色"，避免自己成为与周围环境格格不入的另类人物，否则会造成别人对你的排斥和排挤。如果你鹤立鸡群，特立独行，自以为是，那么你在工作中处处受掣肘的感觉就会相伴而生。当你的颜色和周围环境取得协调后，你也就成为这个环境中的一分子而达到"拟态"的效果了。

"拟态"的特色之一是静止不动。有保护色，又静止不动，那么谁都不会注意你，你也就能免遭许多麻烦。因此在社会生活中，你为了避免不必要的灾祸，必须严守"静止不动"的原则。不乱发议论，不显露你的企图，不结党结派，好让人对你"视而不见"，那么就可以把危险降到最低程度。

人人都想表现聪明，装傻似乎是很难的。这需要有"傻"的胸怀风度，既能够愚，又愚得起。《菜根谭》说："鹰立如睡，虎行似病。"也就是说老鹰站在那里像睡着了，老虎走路时像有病的模样，这就是他们捕捉猎物的手段。所以，一个真正具有才德的人要做到不炫耀、不显才华，这样才能很好地保护自己。

古时有"扮猪吃虎"的计谋。以此计施于强劲的敌手，就是在其面前尽量把自己的锋芒收敛，"愚"到像猪一样，表面上百依百顺，装出一副为奴为婢的卑躬，使对方不起疑心，一旦时机成熟，即一举把对手制服。这就是"扮猪吃虎"的妙用。

"装傻"，看似愚笨，实则聪明。人立身处世，不矜功自夸，才可以很好地保护自己，也才可以成大事。

学会扮傻，不仅可以掩藏自己的才华，免遭他人忌妒，而且可以若无其事，装着不置可否的样子，不表明态度，然后静待时机，把自己的过人之处一下子表现出来，打对方一个措手不及。

所谓"藏巧守拙，用晦如明"，人们不管本身是机巧奸猾还是忠直厚道，几乎都喜欢傻呵呵不会弄巧的人。所以，要达到自己的目标，要学会装傻，懂得藏巧，不为人所识破，也就是"聪明而愚"。

为对手叫好是一种智慧

我们在与人初次见面时都会很客气，也能做到欣赏别人且谦让付出。可是随着时间的推移与相互的了解，相处却变得越来越难，不仅不愿为对方付出，甚至会斤斤计较或相互诋毁。成功的处世是与人相处得越久越显示出自己对他人的友好，越要懂得欣赏对手，为他叫好。

因为与人相处久了，会产生一种视对方为工作和生活中的竞争对手的心理，以致处处戒备提防，对人的笑容减少了，客气话也少了，反而挖苦与讽刺的话多了。

当我们自己取得成功的时候总是兴奋不已，希望有人为自己鼓掌。可是当身边人，包括你的"假想敌"、你的对手取得成功的时候，你该怎样去面对呢？是嫉妒还是欣赏？是大声叫好还是不屑一顾？此时，你最好的行动就是为对手高声喝彩。尤其是平日与你相处得很紧张、很不快乐的人成功了，这时候，你欣赏与赞美会化解对方对你的不满和成见，改变他对你的态度，打开你们之间的死结。

黎元洪清末在湖北时，一直位于张彪之下。张彪是张之洞的心腹，娶了一个张之洞心爱的婢女，人称"丫姑爷"。但张彪嫉贤妒能，对黎元洪十分反感，加之当时报纸亦赞扬黎元洪而贬低张彪，张彪心怀不满，常在张之洞面前进谗言，诋毁黎元洪。

张彪在进谗言的同时，还以上级的职位，百般羞辱黎元洪，想让黎元洪不能忍受耻辱而离开军队。张彪的手法非常恶劣，曾经在军中将黎元洪罚跪，并当着士卒的面，将黎的帽子扔在地上。黎元洪忍受着百般欺辱，不动声色，脸上毫无怒容，张彪也对他无可奈何。然而，黎元洪亦非甘为人下者。他明知张彪欺侮自己，却不与之争锋，而是"平敛锋芒，海涵自负，绝不自显头角，以防异己者攻己之隙"。

张之洞任命张彪为镇统制官，但军事编制和部署训练却要黎元洪协助张彪。张彪不懂军事，黎元洪呕心沥血，为之训练。成军之日，张之洞前往检查，见颇有条理，就当面称赞黎元洪，黎元洪却称谢说："凡此皆张统制之部署，某不过执鞭随其后耳，何功之有？"张彪听了黎元洪这话，心中十分感激，二人关系逐渐融洽。

1907 年 9 月，张之洞任军机大臣，东三省将军赵尔巽补授湖广总督。赵尔巽看不起张彪，要以黎元洪取代张彪，黎元洪坚辞不肯。

同时，黎又面见张彪，告之此事，建议他致电张之洞，让张之洞为其设法渡过难关。张彪一听，心中大惊，立即让其夫人进京活动，张之洞来函，才保全了他的职位。张彪对黎元洪十分感激，张之洞亦认为黎元洪颇有诚心。

张之洞很看重黎元洪的"笃厚"，叹谓："黎元洪恭慎，可任大事。"实际上，黎元洪心里清楚，虽然张之洞已离开了湖北，但在北京当军机大臣，仍可影响到湖广总督的态度，如果黎元洪在张之洞离鄂之后，即取其宠将职位以自代，不但有忘恩负义的嫌疑，甚至会影响自己的前途。

更为重要的是，黎元洪通过"忍"以及帮助张彪，使张彪改变了对自己的态度，这样，等于在湖北又添一个助手，有利于增强自己的实力，在关键时刻能够帮自己的忙。

1911 年 10 月上旬，瑞平出任湖广总督，对黎元洪极不信任，但此时黎元洪与张彪关系早已改善，因此并未影响到黎元洪的官职。

为他人多鼓掌，这种付出不会让你有什么损失，反而能给你带来很大的利益。处世要成功，就要懂得为对手叫好，这样对手也会为你所用。

韬光养晦是制胜的根本之道

韬光是隐藏自己的光芒，养晦是处在一个相对不显眼的位置。它和低调的意思基本相同，这是一种优秀的策略。韬光养晦的要旨在于：对方没有安全感、怕人谋害，就向他表示最大的忠诚和善意；对方怕有人威胁到他的位置，就向他表示自己淡泊名利的态度；对方害怕失去权威，就向他表达最大的敬畏与尊崇！当你成功地让对方相信你的这种意图，你就是一个成功地掌握韬光养晦这种艺术的人。

如果说处于弱势的人为了保护自己有向强势者示弱的必要，强势者何必韬光养晦呢？这里面也有很多奥妙。一般来说，强势者大权在握，处在比较显眼的位置。这样，他必然受到过多的关注，也必然会有很多需要应付的事情。这样，他会把许多的精力分散在与人周旋、交际应酬上。一个人如果没有安静思考的时间，长期处在重要的位置指挥、领导、周旋、应付，久而久之，精力、健康、知识、智慧便会透支。这就要求处在领导位置的人，避开众人的焦点，避开不必要的繁杂事物，回到比较隐蔽的位置。这样的位置有助于修身养性、恢复精力；有助于人们不断反思、不断调整，拓展自己的心灵空间，增强自身的力量。这样，当人再一次投入工作中时，就会有足够的智慧和精力去面对。所以，强势者也常常会运用"韬光养晦"这种生存策略。只不过强势者和弱势者运作韬光养晦的手段和目的不一样。

韬光养晦还包括谦卑的意思，就是甘愿让对方处在重要的位置，让自己处在次要的位置。《易经谦卦》说：谦卑是指人因为虚心所以能进入对方的心，被别人接纳。而在沟通时彼此接纳是很重要的，因此谦卑作为一种品格也非常重要。如果你不谦卑，就不能够被别人接纳；不被别人接纳，你就无法与别人沟通；无法与别人沟通你就什么事也别想做！因此，韬光养晦不只是一种生存策略，也是一种美德。一个甘愿处于次要位置的人，一个谦卑的人，最后会赢得大家的尊重和爱戴，这样的人在领导位置上也能好好地服务他人。而一个骄傲的人，一个锋芒毕露的人，常常因为无法接纳他人的意见，从而失去他人的支持，最终常常被降到卑贱的地步。所以说，韬光养晦之术对一个人的成长至关重要。

韬光养晦不是纯粹的为人处世手段，它具有普遍的制胜意义。使用韬光养晦之策而显示人生智慧的突出例证，是《三国演义》中刘备在与曹操"青梅煮酒论英雄"时的表现。那时刘备在吕布与曹操两大势力争夺中无法保持中立，只好依附曹操，共灭吕布。

曹操在许田围猎时故意表露了有篡位的意图，以试探臣下的心态。大臣们敢怒不敢言，只有关羽"提刀拍马便出，要斩曹操"。而刘备"摇手送目"，拦住关羽，还要用言语恭维曹操说："丞相神射，世所罕及！"体现出深隐的心机。于是当董承、王子服等人凭汉献帝血写密诏结盟讨曹操时，便把刘备也拉入这个政治集团之内。刘备签名入盟后，"也防曹操谋害，就下处后园种菜，亲自浇灌，以为韬晦之计"。

　　曹操何等精明，想到刘备这样志向远大的英雄突然种起菜来了，一定有什么重大事情影响了他，于是派大将许褚、张辽等数十人将刘备"请"至丞相府，"盘置青梅，一樽煮酒，二人对坐，开怀畅饮"，演出一段脍炙人口的历史戏剧。曹操故作暗示，要刘备承认自己本怀英雄之志。刘备则故意拉扯旁人，先抬出最让人看不起的袁术，曹操斥之为冢中枯骨。刘备又举出袁绍、刘表、孙策、刘璋等人，唯独不提参加董承为首的讨曹联盟的马腾和他自己。曹操不满意，干脆直言相告："今天下英雄，唯使君与操耳！"刘备担心的是讨曹联盟之事暴露，听到曹操称自己为"英雄"，以为事情已经暴露，手上匙勺也掉在地上。为避免曹操进一步怀疑自己，只好推说是害怕雷声所致。曹操听了，觉得这样一个连雷声都害怕的人，也许根本不是什么"英雄"，于是将戒备的疑心放下。后来，刘备借讨伐袁术为名领兵出发，终于"撞破铁笼逃虎豹，顿开金锁走蛟龙"，韬晦之计成功了。

第五章

如何识别对方的谎言

在生活中，我们经常能见到谎言的身影，或是我们自己，或是我们周围的人。说谎的原因也有多种，有的人是出于习惯，有的人则是迫不得已。

谎言就像一柄利剑，可以用来攻击他人，也可以用来自卫，全看你如何运用。

人们为什么会说谎

莎士比亚在《亨利四世》第一幕中说："上帝啊上帝，这个世界为什么这样喜欢说谎呢！"是的，人们常常在不经意间说谎。

如果运用道德标准来辨别谎言的话，有些谎言是出于保全自己的目的，有些谎言则是为了获得某种利益而隐瞒事实真相。当真相大白的时候，说谎者的信任度很可能会受损，其处境当然也就岌岌可危了。

那人们为什么会说谎呢？

1. 为了保护自己而说谎

当我们不想上学时常常谎称自己生病了，还有人把因为自己睡过了头而导致的上班迟到，辩解为是因为电车晚点了等。观察日常生活中常见的谎言，我们会发现像这类自我防御型的谎言俯拾皆是。

人们常常有这样一种倾向，即在无意识中忘记那些令自己不愉快的事情。即使是有时候想起来也会想办法狡辩，并试图将责任推卸到别人身上。这是一种后天的自我保护，就是"自我防御机制"。人们通常是在不知不觉中运用这种机制的。

2. 为获得利益而说谎

这类行为指的是为了自己的利益而说谎。在销售领域中，当介绍、出售本公司的产品时，这种谎言便会大行其道。他们这么做完全是为了取得某种特定的好处，而不惜用言过其实的话来美化、宣传自己的产品。即使在企业云集的场合，比如产品发布会上自己的谎言被当众揭穿，撒谎者也不会感到有损身价。

3. 为掩饰自己的感情而说谎

在日常生活中，说谎常常发生在对对方没有什么好感，并且很想拒绝对方的情境之下。一般我们不会直接对自己不喜欢的上司以及同事说"我不喜欢你"，如果真的像这样原原本本地将自己的真实想法表达出来，那么自己和对方的关系很可能会进一步恶化，以致难以挽回，而且这样做也不利于所从事的工作。为此，人们想要隐藏自己的厌恶之情，表面上就尽量装得心平气和一些。

4. 为满足欲望而说谎

当婚姻不幸的人被问及："为什么要和那种人结婚呢？"很多人都会愚昧地回答："婚前不太了解对方，等到真正一起生活之后才发现彼此的思维方式和价值观合不来。"

人们常常会在先前的欲望没有办法获得满足时，认同并接纳能够满足当时那种心理空虚感的人和物，心理学上将这种现象称之为"代偿行为"。有很多人选择的结婚对象是和过去的恋人十分相似的人，这便是有力的例证。

说谎总是弱者的策略，强者则敢于面对事实，讲出真相。因此，一个需要掩饰的人，其内心一定有软弱之处。

说谎的人本身就是一个弱者。假如一个人具有深刻的洞察力，随时能够判断什么事应当公开做，什么事应当秘密做，什么事应当若明若暗地做，而且深刻地了解这一切的分寸和界限，那么这种人是有智谋的。而对于这种人来说，说谎不仅不必要，反而会成为一种弱点。

经常说谎作伪者绝不是高明的人。一个人起初也许只是为了掩饰事情偶尔为之，但后来他就不得不作更多的伪装，以便掩盖与那一点相关联的一切。作伪的需要来自以下几点：第一是为了迷惑对手；第二是为了给自己准备退路；第三是以谎言为诱饵，探悉对手的意图。正像人们所说的那样：说一个假的意向，以便了解一个真情。

但作伪有3种害处：第一，说谎者永远是虚弱的，因为他不得不随时提防被揭露；第二，说谎使人失去合作者；第三，这也是最根本的害处，就是说谎将使人失去人格——毁掉人们对他的信任。

如何看待谎言

有一句西方谚语说："当真理还在穿鞋的时候，谎言已跑出很远了。"不管你愿不愿意面对，事实上，我们的现实生活中早已充斥着大量的谎言，我们无法回避它们，必须每天去面对、去听、去看、去感觉，甚至是不得不耐着性子地听和看。

一个成熟而富有健全理性的人会以一种平常的心态来看待这些谎言，不管它是为了何种目的而说，要知道，任何谎言都不会是无缘无故的，面对一些特殊的情境撒谎，也可以说是人之常情。因此，要会坦然地面对一切，而且，随时保持清醒的头脑，不为谎言所迷惑。

人们都很熟悉那个老洛克菲勒的故事。

一天，老洛克菲勒在家中和小孙子玩得十分高兴，小孙子在屋子里跑来跑去。老洛克菲勒把小孙子抱到窗台上，鼓励他往下跳，并张开手臂做出接护的姿势。小孙子受到鼓励，从窗台上纵身向下一跳，老洛克菲勒接住了他，然后又一次将小孙子抱上窗台，再次鼓励他往下跳，并仍旧伸手做出接他的动作。小孙子有了上一次的经验，觉得这样很好玩，毫不犹豫地跳下。但这一次，老洛克菲勒突然缩回双手。小孙子"砰"的一声摔在地板上，痛得失声大哭。

这时，一位宾客正好从旁经过，目睹此情此景，十分惊讶，便走上前去询问这位大亨何以如此对待自己的孙子。

老洛克菲勒笑着说："我要让他从小就知道，任何人的话都不可以轻信，包括自己的爷爷。"

好一个洛克菲勒！他把自己一生纵横商界得出的最精辟的为人处世之道，以如此简单明白的方式道出，实在令人震惊而又钦佩。

正视谎言的现实存在，在与人相处时，心中先存几分戒心，那么世界上绝大多数骗局都将被识破。

窥破他眼底深藏的秘密

很多人小的时候都曾经有过这样的经历：当母亲质问我们的时候，她常常会说"如果你没有说谎，就看着妈妈的眼睛"。

从中可以看出，眼睛最容易流露人们的真实感情。

1. 视线方向

眼睛的注视方向或视线能反映出人的心情和意向。眼睛斜视，被认为是说谎时常见的标志。比如，某位丈夫有心事不愿让妻子知道，但突然有一天，妻子诈他说："你到底做了什么蠢事，还想蒙混过关吗？"由于丈夫自己心虚，不敢正视妻子的眼睛，所以就战战兢兢地目光斜视顾左右而言他。看到丈夫做贼心虚的表情，妻子就进一步确信了自己的猜测，并不停地追问，最后丈夫不得不"坦白"了……

当视线斜视的时候，常常被认为是有什么秘密不愿示人。视线斜视是"不想让别人识破本心"的心理在起作用。因为说谎而感到不安，所以试图尽可能地收集周围的信息以求转移不安或者找回安全感。

回避对方的视线常表明不愿被对方看穿自己的心理活动，或心虚，或害臊，抑或是厌恶、拒绝。偷偷地看人一眼又不想被发觉，等于是在说："我不敢正视你，但又忍不住想看你。"

视线闪烁不定或左顾右盼，常产生于内心不稳定或不诚实之时。

说到测谎，人们注意的最多的是"正视"。人们总是怀疑那些不敢对自己正眼相看的人，认为他们必定有某些事情需要加以掩饰。说谎本身就会使说谎者处于一种紧张状态，而视线与对方相会，看到对方那怀疑、探究的目光则更会引起心理紧张的加剧，因此说谎者会本能地避免与对方的视线相接触，以降低紧张程度。

2.瞳孔变化

瞳孔的大小变化也反映情绪活动的变化。当情绪激动时，瞳孔就会扩大，这种情形是说谎者自己无法控制的，而且说谎者往往也不会想到要花精力去防止或掩盖这一泄露秘密的细节。当然，瞳孔扩大只表明情绪激动，但究竟是什么样的情绪却不能仅由此得出结论，必须具体情况具体分析。

3.眨眼频度

人通常每分钟眨眼 5 ～ 8 次。眨眼这个动作是一种身不由己的反应，此外，当人的情绪产生波动时，眨眼的次数就会明显增加。

因情绪的不同而产生的眨眼方式有连眨、超眨、挤眼等。连眨是指在单位时间内连续眨眼，通常是犹豫不决或考虑不成熟的表现，有时也是竭力抑制激动的表现。超眨是指那种幅度夸张、速度较慢的眨眼动作，它通常用于表示假装惊讶的戏剧性表情。

挤眼是用一只眼睛给某人使眼色，表示两人之间有某种默契。它所传达的信息是："你和我此刻所拥有的秘密，其他人无从得知。"在社交场合，两个朋友间互挤眼睛，是表示他们对某个问题有共通的感受或看法。

如果一个人频繁地眨眼，那意味着他心中藏有秘密。眨眼次数增多，意在防止心中的秘密泄露。这是一种两难的抉择，既不想一直正视对方，又不想使自己分神，结果就采用了频繁眨眼的办法。过度频繁的眨眼行为，也有在对方面前隐藏弱点的意图。

一个人闭上眼睛，同关上门是一回事儿，都是不想让别人窥探自己内心真实想法的举动。由此可以推断，要窥破一个人内心的秘密，一个简单有效的方法就是盯着他的眼睛，读懂他眼睛流露出的真正想法。

从言辞看穿他的谎言

说谎者最为留意的正是说话时言辞或字眼的选择，因为他不可能控制和伪装自己的全部行为细节，他只能掩饰、伪装别人最注意的地方。

由于懂得人们注意的重点是言辞，因此说谎者常常谨慎地选择字眼，对不愿出口的话仔细加以掩饰，因为他们懂得"一言既出，驷马难追"。

另外，用言辞来捏造或隐瞒一件事情是比较容易的，而且也很容易事先全部写下来进行练习。说谎者还可以通过说话不断地获取反馈信息，以便及时修改自己的"台词"。

很多说谎者都是由于言辞方面的失误而露馅的，他们没能仔细地编造好想说的话。即使是十分谨慎的说谎者，也会有失口露馅的时候，弗洛伊德将之称为口误。

人们常会在言辞里违逆己意，同时在内心中潜抑着矛盾，以致稍一大意就会说出本不想说的或相反的话，从而在口误之中暴露了内心的不诚实。因此，口误的必然情形便是说话者要抑制自己不提到某件事或不说出自己所不愿说的东西，但又因某种原因而"说走了样"。口误可以说是一种自我背叛。

与口误相近的还有笔误。在很多情况下，笔误也是内心自我的一种走样的表达方式。有研究表明，人们在书写时比在说话的时候更容易发生错误，即使在一些极需庄重、严谨的情形下也概莫能外。

面对书写（印刷）上的错误，人们常常难以确定谁是真正的祸首，尽管当事人多半会以"意外差错"或"技术性错误"等借口来加以解释，然而其中往往潜伏着内心冲突甚至"别有用心"。

笔误产生的原因，是人们在书写的时候，思绪常常会因为内心潜抑的思潮而游离笔端，或者联想到其他事情，只要稍不注意，这种思想就会悄然侵入笔端，造成笔误。

通过语速也可以判断一个人是否说谎。例如，丈夫做了亏心事，被妻子质问的时候，为了隐瞒这些事，他就会向妻子编些好听的瞎话，不自然地套近乎，讨好妻子。人们在说谎或者隐藏不安情绪的时候，总是想转换个话题。由于心里七上八下的，所以说话时的语速会发生变化。平时少言寡语的人突然做作地高谈阔论起来，我们就可以据此推测这个人藏有不可告人的秘密。平时快人快语的人突然变得沉默寡言，我们就可以据此推测这个人很可能想要回避正在谈论的话题，或者对谈话对象怀有敌意和不满之情。

当你要判断一个人说话时的情绪和意图时，固然要听他究竟说些什么，但是在许多情况下更要听他怎样说，即从他说话时声音的高低、强弱、起伏、节奏、速度、转折和停顿中领会"言外之意"。

当说谎是为了掩饰恐惧或愤怒之感时，声音通常会比较大也比较高，说话的速度也比较快；当说谎是为了掩饰忧伤的感受时，声音就会与之相反。那种担心露馅的心理会使声调带有恐惧感；那种"良心责备"的负罪感所产生的声调效果会与忧伤所产生的极为相近。

人在说谎的时候，另一常见的言辞表现便是停顿，如停顿得过于长久或过于频繁。

根据有关研究，说谎者说谎时流露出的各种信号的发生率，如下所示：

(1) 过多地说些拖延时间的词汇，比如"啊，那"等这些词占到40%。

(2) 话题转换，比如，"因为临时有事情，那天去不了"。

(3) 语言反复，例如，"本周的星期天吗？星期天要加班"。

(4) 口吃，例如，"什，什么？"

(5) 省略讲话内容，欲言又止。

(6) 说些摸不着头脑的话。

(7) 说话内容自相矛盾。

(8) 偷换概念。

以上信号中，如果在对方讲话时有好几处得以验证的话，那就表明十之八九他是在说谎或者是有难言之隐。

看透说谎者常用的方式

说谎者无疑是精于心计的人，他们也在不断地总结"经验教训"，看用什么样的交谈方式更易使人上当受骗。社会学家研究发现，说谎者经常用以下方式来赢得人们的信任。

1. 说自己不行

说自己不行会有许多好处，一是可降低对方的防范意识，二是可让对方产生"此人很虚心"的信任感。因此，高明的说谎者并非总是大吹大擂，而是一副谦谦君子的样子，声称自己"帮不了什么大忙，只能帮这么一个小忙……"

2. 将假话和真话放在一起说

高明的说谎者都知道，在"推销"谎言时，往往是需要讲一些真话的。真话是假话的"广告"，是引出假话的"引子"。例如，明明知道病人得的是无药可治的绝症，在讲了一些病人的真实病况后，却引出一个莫须有的"外国药"，声称此"药"可治此病。这时，病人往往容易受骗，掏出钱来……

3. 拉近双方的距离

要让谎言被对方接受，最好的办法之一就是让对方先接纳自己。那么，是尽一切可能去"套近乎"吗？是的，不过那只是低级的伎俩，高明的说谎者一般不会那么直露。据媒体报道，有一位"歌星"在面对媒体时，滔滔不绝地谈论他小时候如何受苦，他是如何奋斗挣扎，他又是怎样受经纪人的气……一下让大家感到"他也真不容易"，不知不觉地拉近了双方的距离。而后来有人揭露，这位"歌星"所言，全是根本不存在的谎言。

4. 主动亮出自己的"私心"

高明的说谎者深谙人情事理，常常会主动亮出自己的"私心"——当然，他亮出的是一个假的"私心"或小的"私心"，而真的"私心"或大的"私心"他是不会说的。比如，一位导游会主动告诉游客，到所谓的"免税店"买东西，他是有回扣，但仅是区区 2%，即游客买 100 元货，他才得 2 元钱。游客们听了觉得这位导游为人"诚实"，2 元钱又的确微不足道，不由产生了信任感，到了免税店大买特买。其实，这位导游说的是谎话，真正的回扣，也许 20% 都不止。

5. 用尽量客观的语言

高明的说谎者往往会"推心置腹"地向你抛售他的谎言。他会很客观地分析这件事对你有什么利弊，对他有什么好处。在谈这件事时，他会站在第三者的角度，用一种极客观的语言，不知不觉之中，就会使人如吃了迷魂药一样昏头昏脑，上当受骗。

6. 直接把没有的事说成有

这大概是最大胆、最冒险，也是最省事的一种说谎方式。比如，同一商场中有两家空调厂的产品在竞争。这时，如果甲厂的推销员直接去攻击乙厂的商品，很容易引起顾客的反感。于是，这位推销员有可能会抛出一则谎言："他们厂的产品，前几天不是给登报了吗？用户反映他们售后服务不行。"如果你想去查一查报纸，那一定会失望的，因为根本就没有这回事。

一些精明的说谎者通常可以做到"喜怒不形于色"，甚至能自如控制自己的表情、动作等肢体语言来掩盖他的意图。我们要熟知说谎者骗人的伎俩，如此才能识破谎言，保护自己的利益。

卸掉说谎者的武装

正在说谎或试图说谎的人，他们的心理一定会先武装起来。如何除去他的"武装"就是揭穿其谎言的最大的关键。如果在揭穿谎言时，你正面跟他冲突，他一定会强词夺理把你反击回来。

这个时候，我们必须另想办法解除他心理上的武装。我们暂且不必理会他说话内容的真实与否，只要把重点放在解除他内心的武装上就行了。

这个道理就跟关得紧紧的海蚌一样，愈急着把它打开，它就关得愈紧。如果暂时不去理会它，它就会自然地放松戒备，过一会儿就自然地打开了。

那么究竟要怎样才能解除对方心中的武装呢？

首先，要使对方有安全感。如果对方为了保护自己而说谎的时候，我们最好这样说："你把实话说出来，不要紧，事情不会很严重的。"这样一来，他就会认为他的处境已经很安全了，便不会顾忌说出实话会有什么不良后果。所以在这种情况下，想要叫他说出实话是没有太大困难的。

要使对方产生安全感，首先必须使他对你产生信任，这样他才会对你吐出真言。

一般来说，对于套取对方的实情，循循善诱的方法比强硬逼供的手法更容易达到目的。但是其前提是我们必须做到让对方觉得"我实在不敢对这种人说谎"才行。简单地说，我们要运用技巧，使对方因为你的影响而把实话完全吐露出来。

还有一种技巧完全相反，那就是把自己装扮成很容易上当的样子，使对方对你没有戒心，从而把心里的话说出来。换句话说，就是让对方产生优越感，使他在得意忘形之际，无意中露出马脚。这种方法用来对付傲慢的人是最好不过了。

其次，要追根究底。彻底去追根究底，有时也能解除对方心中的武装。假如对方仍有辩白的余地，他一定会坚持到底，因此只有在他被逼得走投无路的时候，他才会自动解除武装、说出实话。

对于说谎者，也可以攻其不备。不管是多么高明的说谎者，如果遇到突然而来的攻击，也会惊慌失措，不得不投降。

一位资深律师曾经说过："在询问一个决定性的问题时，不要马上询问证人，等他回到证人席之后，再突然请他回来，重新询问，这是最有效的方法……"

《孙子兵法》里也说过："攻其不备，出其不意。""使其不御，则攻其虚。"因为我们乘虚而入，对方没有防备，自然就会放下武器投降了。

利用证据揭穿谎言

美国第十六任总统亚伯拉罕·林肯年轻时是一位律师，一次，他得悉朋友的儿子小阿姆斯特朗被控为谋财害命，已初步判定有罪。他以被告律师的资格，到法院查阅了全部案卷，知道全案的关键在于原告方面的一位证人福尔逊。因为他发誓说在 10 月 18 日的月光下，清楚地目击了小阿姆斯特朗用枪击毙了死者。对此，林肯要求复审。在这场精彩的复审中，有以下一段对话：

林肯问证人："你发誓说看清了小阿姆斯特朗？"

福尔逊："是的。"

林肯："你在草堆后，小阿姆斯特朗在大树下，两处相距二三十米，能认清吗？"

福尔逊："看得很清楚，因为月光很亮。"

林肯："你肯定不是从衣着方面看清他的吗？"

福尔逊："不是的，我肯定看清了他的脸。"

林肯："你能肯定时间是在 11 时吗？"

福尔逊："充分肯定，因为我回屋看了钟，那时是 11 时 15 分。"

林肯问到此处就转过身来，发表了一席惊人的谈话："我不能不告诉大家，这个证人是一个彻头彻尾的骗子。他一口咬定 10 月 18 日晚上 11 时在月光下看清了被告的脸。请大家想想，10 月 18 日那天是上弦月，晚上 11 时月亮已经下山，哪里还有月光？退一步说，也许他时间记得不十分精确，稍有提前。但那时，月光是从西往东照，草堆在东，大树在西，如果被告的脸面对草堆，脸上是不可能有月光的！"

大家先是一阵沉默，紧接着掌声、欢呼声一起迸发出来。福尔逊傻了眼。

在这里，林肯巧妙地引导对方说出与事实不符的言语，利用实实在在的证据，戳穿了福尔逊的谎言，澄清了事实，彻底驳倒了福尔逊的论点，还小阿姆斯特朗以清白。

拿出有力的证据来做武器，是识破谎言最好的手法。不管对方如何狡辩，只要我们有确凿的证据，他就不得不俯首承认。

但更重要的是必须懂得如何运用这些证据，如果运用不当，证据也会失去效用的。

关于这一点，首先要注意的就是：时机是否运用得当？如果事情过了很久，我们才拿出证据来印证，那么证据的价值可能就大大地降低了。

如果我们在提出证据之后，还让对方有充分的时间去考虑，也是不妥当的。因为这样就是又让他获得了一个辩解的机会。

那么，证据要同时提出还是逐项提出来呢？这个问题我们不能一概而论，必须依证据的价值以及当时的状况来决定。

至于你握有的证据究竟有多少，绝不能让对方知道。尤其是当只有少许证据的时候，更要绝对保密。总之，证据是一种秘密武器，证据愈少愈要珍惜，否则失败的将是你而不是对方。

利用他的心虚点破谎言

公元前 500 年，印度一位王子曾设计一种方法，就是用"圣猴"来判断一个人是否说谎。测试时，被测人被告知有罪的人拽住"圣猴"的尾巴时它会嘶叫。所以嫌疑人被带入"圣猴"所在的黑暗帐篷里后，无辜者不害怕"圣猴"会叫，进到里面就会拉住"圣猴"的尾巴；有罪的人进到里面后由于害怕"圣猴"会叫，不敢碰其尾巴，待一会便离去。嫌疑人不知道"圣猴"其实只是尾巴上涂有乌黑涂料的普通猴子。如果嫌疑人从帐篷出来后，双手是干净的，便断定他就是有罪的人；反之，他就是诚实的人。

说谎者在说谎时往往有心虚的感觉。有时候，说谎的人只有一点点罪恶感；有时候，罪恶感会很强烈，以致出现漏洞，使对方很容易揭穿谎言。十分强烈的罪恶感会使说谎的人痛苦难当，会令说谎者觉得说谎很划不来，简直像是受罪。虽然承认撒谎会受到处罚，但是为了要解除这种强烈的罪恶感，说谎的人很可能会觉得还是坦白招认比较好。

说谎者因为这种难以消除的恐惧感和罪恶感，将会让我们成功地辨认出谎言。下面，还是先让我们看些例子吧。

宋宁宗年间，刘宰出任泰兴县令。一次，一个大户人家丢失了一支金钗，四下寻找不见，告到县上。刘宰调查后，了解到金钗是在室内丢失的，当时只有两个仆妇在场，但谁也不承认拿了金钗。

刘宰将两人带到县衙，安置在一间房子里，也不审问。众人都很困惑，刘宰却像没事人一样，饮酒散步，与大家闲谈。

到了天黑以后，刘宰拿着两根芦苇走进关押仆妇的房间，每人给了一根，说道："你们好好拿着芦苇，明天我要根据芦苇决案，谁要真偷了金钗，芦苇就会长出二寸来。"说罢关门走了。

第二天，仆妇被带到堂上。刘宰取过芦苇审视，果然一支长出二寸。

刘宰嘿嘿一笑，却指着手持短芦苇的仆妇大声喝道："你如何盗得主人金钗？还不从实招来！"那个仆妇听得战战兢兢，当即跪倒在地，口中喃喃道："是我拿了金钗，大人如何知道？"

刘宰答道："我给你们二人的芦苇是一样长的，你若心中没鬼，如何要偷偷截去一节？"仆妇方知上了当。

刘宰正是因为知道撒谎的仆妇有恐惧和心虚感，才使用这个测试办法，使其自我暴露，辨识出了说谎者。

我们还可以依照生理、心理学原理通过情绪紧张与否判断是否说谎。

利用情绪与生理变化的关系来识别谎言的方法主要有两种。第一种，是让嫌疑人吃稻米做的蛋糕，观察他在强大罪恶感压力下咽下蛋糕的表现。如果嫌疑人被蛋糕噎住，那么他就被认为说谎了。第二种，是"嚼米审判"，即让嫌疑人抓一把炒米放入自己口中，嚼碎后马上吐出来。如果这个人能马上吐出来，则证明是诚实的，反之则是说谎。其原理就是：那些撒了谎且担心被识破的人，心里比较紧张，消化功能受到抑制，唾液分泌会减少，从而吞咽蛋糕和吐出炒米时比较困难；那些诚实的人不会觉得紧张，因而他们的消化系统不会受到抑制，唾液分泌正常，吞咽和吐出食物都较顺利。

英国人通过观察嫌疑人吃面包和干奶酪的顺利程度来判断其是否说谎；阿拉伯游牧民族则根据证人作证之前用舌头舔烧烫了的铁棒的表现，来判断证词的真伪。可见利用对方的心虚来点破他的谎言是一种行之有效的方法。

逼他说出真心话

如果你惧怕别人欺骗你，在与他交谈时，为了在有限的时间内尽可能地得到正确的信息，你不妨使用压迫性交谈方式，这是逼迫别人说出真心话最有效的办法。

压迫性交谈，即是向谈话对象提出令他不快的问题，或是将对方置于孤立状态，使他做出决断的方法。换言之，就是"虐待"对方，将他赶入不利的处境中而观察其反应的方法。在危急的情况下，一般人都会露出赤裸裸的自我，也就是说，平常用来掩饰、表现理智的面具都会脱落，最后暴露出真实的想法。

以积极果敢的采访方式闻名国际政界的日本新闻记者落合信彦，在其著作中曾经记述自己的采访信条，就是挑起采访对象的愤怒。

为了打破受访者牢固的心理防御，套出他们的真心话，落合信彦常常故意做出不礼貌的举动，或提出一些尖锐的问题，用压迫性交谈逼他们吐出真话。

落合信彦之所以能够得知其他记者所无法挖掘的机密资料，这种突破他人心理防线的巧妙采访方法，使他获益不少。

想了解初次见面的人言辞是否真实，或是他对交谈的话题是否关心，可以用压迫性交谈的方法。其中，故意与对方唱反调，是最常用的一种方法。但是，不论如何探索对方的真意，如果引起对方愤怒的话，就有可能造成负面效果。如果你认为就此与对方断绝关系也无妨，或是自信能平息对方的怒气并恢复良好的关系，那又另当别论。若是情形并非如此，就有必要慎重处理了。

因此，最好的方式是借用第三者来提出反论，以避免自己提出反论时引起对方的反感。

无论如何，唱反调是使对方感到不快的交谈方式，最好只在有必要认清对方的真意或性情时才加以运用。

将计就计识谎言

如果把谎言也看成是具有危害性的力量，当它们向我们施展它的危害和威力时，我们同样可以借用中国武术中借力打人的技巧化害为利，使谎言成为制伏对方的绝妙手段，从而使自己转败为胜、转危为安，变被动为主动。

这种办法在战争和其他一些存在着激烈竞争的场合被频繁地使用，人们把它叫作"将计就计"。

孙权擒杀关羽之后，正志得意满，其主要谋士张昭求见。孙权问他有什么事,张昭严肃道:"咱们的大祸不远了!"

"你这是什么意思?"孙权不解其意。

张昭道:"您杀了关公父子,关公是刘备结义的兄弟,曾誓同生死。现在,刘备已拥有两川之兵,更加上诸葛亮的谋略,张飞、赵云、马超、黄忠等将领的英勇,一旦刘备知道关羽父子遇害,能善罢甘休么?一定会起倾国之兵,奋力报仇。我恐怕东吴难于抵御了!"

孙权恍然大悟,大惊失色地连连跺脚:"哎呀,我是大大失策了!可事已至此,应该怎么办?"

张昭说:"您不必忧虑,我有一计,可转危为安。"接着就详细讲述此计内容:"现在,曹操拥百万大军,虎视华夏。刘备要兴兵报仇,必定要与曹操讲和。假如两处联兵而来,我们就危险了!所以,我们可先派人把关羽的头送给曹操,以明白显示我们之所以擒杀关羽是曹操的指使。这样,刘备必恨死曹操,西蜀之兵也就不会攻我们,转而攻曹操。我们则坐山观虎斗,然后从中取利。这才是上策。"

孙权同意张昭的计策,派使者把关羽之头盛入木匣中,送到曹操那里。

曹操因为不久前关羽水淹七军,又大挫曹仁,正坐不安席,看到关羽头颅送到跟前,顿觉解除了心中大患,十分高兴,"云长已死,我终于能睡个安稳觉啦!"

曹操话音未落,阶下一人站出来大声道:"这是东吴嫁祸于我们的奸计!"

曹操定睛看,原来是主簿司马懿,忙问他为什么如此说。

"当年刘、关、张桃园结义时,誓同生死。现在东吴杀了关羽,怕刘备报仇,所以才把关羽首级献给您,以使刘备迁怒于我们,不再攻打东吴,而跟我们算账。东吴却想在我们和刘备两败俱伤时,坐收渔翁之利!"

曹操一拍额头:"你说得有道理。我该怎么办?"

司马懿献计道:"这很好办。大王可以把关羽首级配上香木刻成的身躯,然后以大臣之礼隆重安葬。这样一来,刘备就不会恨我们,只会恨东吴而尽全力东征了。我们却可以观其胜败:刘备胜则也攻东吴,东吴胜就同东吴一起灭刘备。二处只要有一处被我们消灭,余下那一处也就不会长久存在了。"曹操大喜。立刻召见东吴使臣,收下木匣,又命工匠迅速刻一个香木躯体,与关羽头颅配在一起。一切具备后,曹操率领文武百官,大供牺牲，以王侯之礼隆重为关羽送葬。曹操还亲自在灵前拜祭，并追赠关羽为荆王，派专门官员长期守护关羽之墓。这种葬礼，在魏国，可以说绝无仅有，以曹操的身份和人格，对关羽的尊崇礼敬，也可以说无以复加了。

刘备闻知，果然只恨东吴，发誓要倾国出动，为关羽报仇。

孙权想嫁祸于曹操，但计谋被曹操手下识破，曹操将计就计，厚葬关羽，使得孙权的计谋破产，刘备还是要与孙权拼命。将计就计的关键是识破敌人的计谋和他们所想达到的目的。只有这样，才能利用对方所用的计策反使对方吃苦头，而且往往苦头还是对手自己找的。

将计就计最关键的两个环节首先是识破对方的谎言，然后让对方相信自己已被他的谎言骗住了，这样，才可能行使计谋。如果不能使对方确信自己已经受骗，对方就会起防备之心，再使计谋就达不到效果了。

识破对方的谎言固然需要智慧、需要机敏，但稍微具备防骗意识和警惕性的人就可以做到。困难在于如何装出一副受骗的模样来，这是将计就计的关键，那种大智若愚、装傻弄痴的样子可不是人人都能做得天衣无缝的，它需要更加周密的思考、精心的策划、巧妙的掩饰与装扮。因此，它对一个人的心智提出了更高的要求。

第六章

小人不可不防

与人交往时，谁都不愿意与小人打交道，可是不管你愿意与否，都不可避免地会碰到小人。因为那些生活在我们身边的鼠辈小人牢牢地盯着我们周围所有大大小小的利益，随时准备多捞一份，为此甚至不惜一切代价用各种手段来算计别人。因此，在与人交往时，我们应时刻保持警惕，提防小人的暗算。

小人不可不防

伪诈的人的本质是不老实，但有些不老实的人作伪，会被一眼看穿，伪而加诈那就不易被发现了。因为这种人善于矫饰，能隐藏其本质，给人以假象，故能迷惑人，要辨其真伪就难了。也因其难辨，这种人干的罪恶勾当就难于被发现，其害就愈大。

凡行诈作伪的都是为了个人不可告人的目的，如让这种人掌权，必谋私以害公，为此必然是结党营私，所干的也就害国害民，其权越大害越大。

善于弄虚作假的人，巧于掩饰，为求做到天衣无缝，使人无从窥见其真面目，因而得以窃取名誉使人信任，夺得权力以行其恶。这种大奸若忠、大恶若善的人，当其罪恶行为被揭露，国家和人民都已遭受其害，要想纠正已来不及了。"所以，对于善于矫饰的人，不可不警惕！"

南宋时，为了"精忠报国"，年轻的岳飞应募从军，参加抗金斗争。很快他就成了一名能干的军官，并组建了"岳家军"。岳飞有句名言："饿死不掳掠，冻死不拆屋。"

不久，宋军从金兵手中收复大片失地。1140年秋，岳飞率领军队在河南大败金兵，并准备把金兵赶回东北老巢。就在他踌躇满志之时，皇帝却连发十二道金牌，召他班师回朝。他和将帅们收复国土的宏图大志也不得不半途而废。

原来这是当朝丞相秦桧捣的鬼。当时宋朝的内部分为主战与求和两派，秦桧是当朝最大的实权派，也是最富有的官僚。为了保存财产与官职，他主张尽快求和。求和的先决条件是除掉主战派代表岳飞。秦桧绞尽脑汁，终于有了办法。

他首先诬陷岳飞手下的将领张宪谋反，然后又诬陷岳飞之子岳云给张宪写过谋反信，是同谋。凭借这些诬陷的罪名，岳云与张宪就稀里糊涂地被关进了监牢。接着，他又借口质问岳飞几个问题，令他到当时的国都临安（今浙江杭州）去。岳飞一到临安，就被捕入狱。

为了找借口处死岳飞，秦桧宣布岳飞、岳云和张宪共同策划谋反。抗金名将韩世忠对此愤愤不平，他质问秦桧：岳飞抗金，何罪之有？岳飞谋反，证据何在？秦桧支支吾吾，做出了回答："飞子云与张宪书虽不明，其事体莫须有。""莫须有"的意思，就是"大概有"。按照秦桧的授意，岳飞三人很快就被判处死刑。公元1142年春节的前一个晚上，岳飞在杭州风波亭遭到杀害，当时他只有39岁。

秦桧知道，凭正当手段是无法除掉岳飞的，他就只好加给岳飞一个"莫须有"的罪名，也就是仅仅凭猜测来给一个无辜者定罪，也就是无中生有地诬陷。由于这个颠倒黑白的故事，"莫须有"这个词一直流传至今。

像秦桧这样的小人没有道德负担，没有在基本道德意识之上产生的社会责任感，因而在小人的心目中不存在所谓的群体大局、国家大事。小人心中的"大事"就是他的个人私利，就是他强烈欲望的满足，除此以外不会有任何别的内容。我们正常人所接受的教育是"国家和集体的利益高于一切"，而小人所接受的自我教育则是"个人的利益高于一切"，而且要坚决地凌驾于国家、集体利益之上，甚至将其彻底取消。这种观念上的分野使正常人和小人在面对某些事关国家、集体大局的选择时往往会做出完全不同的取舍，而这种取舍所引致的后果也是截然相反的。

怎样识别小人

生活中如何明辨小人呢？毕竟小人没有特别的样子，脸上也没写"小人"二字，而且有些小人甚至长得既帅又漂亮，有口才也有文采，还一副"大将之才"的样子。

不过，只要留心观察，用心研究，小人还是可以从行为上分辨出来的。大体言之，小人就是做人做事不守正道，以邪恶的手段来达到目的的人，他们的言行有以下特点：

(1)喜欢造谣生事、挑拨离间。说谎和造谣是小人的生存手段，他们造谣生事并不是单纯地以此为乐，而是另有目的。要么牺牲他人来为自己牟利，要么挑拨离间破坏朋友、同事间的感情，从而坐收渔翁之利。

(2)喜欢阳奉阴违。这种人表面上对你是拍马奉承，背地里却干着见不得光的勾当。明着一套，暗着又是一套的小人最要小心。

(3)喜欢攀附权贵。谁有钱有势就依附谁，一旦失势马上一脚踹开，另寻他主，这是小人的一大特点。

(4)喜欢落井下石。只要有人跌跤，他们会追上来再补一脚，在小人眼里，看别人跌跤是最快乐的事情。

(5)喜欢踩着别人的鲜血前进。要么利用别人为其开路，而不在乎别人的牺牲；要么自己有错却死不承认，硬要找个人来当挡箭牌，做替死鬼。

事实上，小人的特点并不止这些，总而言之，凡是不讲法、不讲理、不讲情、不讲义、不讲道德的人都带有小人的性格。

利益是小人所最终追求的，因此若想判别一个是否是小人，只要许以利害，便可明辨。比如，赏赐和加官晋爵是小人所追求的，为了达到这个目的，他们是不择手段的，往往会蒙蔽领导，伪装成君子的样子。既然君子之志不在于封赏，那么在君子做出业绩之后，你可以用表扬、激励他的方法，让他感受到你的信任、欣赏，这就足够了。如果过了一段时间，他没有因为你不提拔他而闹情绪，那么说明他具备了真君子的条件，到那时，你尽可以放心大胆地任用他，不用担心他会带给你小人的烦恼。

小人最擅长的是阿谀奉承，他们这样做的最终目的是为了从掌权者身上得到回报，一旦他们取得掌权者的信任或任命，就会很快地使自己的羽毛丰满起来，到那时，他们真实嘴脸就会暴露出来，说不定会对有知遇之恩的执权者反咬一口。

所以凡是诚心要干事的人，一定要留意自己身边一味顺着自己的意志说好话的人，切不可因为他说的都是自己爱听的话就重用他、提拔他，那样做无异于养虎为患。

不给小人怀疑你的机会

狼为什么不吃死食？因为狼生性多疑，怕吃了中毒。小人也同狼一样，因为他们经常欺上害下，所以他们又最怕被人害。因此，君子常说"害人之心不可有"，而小人常说"防人之心不可无"。比如，你当着小人的面与另一人悄悄耳语，小人就一定怀疑你有什么不轨之心。这也就是狼为什么昼伏夜出，为什么总避开人但又不想离人太远的缘故，它既想吃掉你，但还得防着你。

"安史之乱"平定后，立下大功并且身居高位的郭子仪并不居功自傲，为防小人嫉妒，他反而比原来更加小心。有一次，郭子仪生病了，有个叫卢杞的官员前来拜访。此人乃是中国历史上声名狼藉的奸诈小人，相貌奇丑，生就一副铁青脸，脸形宽短，鼻子扁平，两个鼻孔朝天，眼睛小得出奇，世人都把他看成是个活鬼。正因为如此，一般妇女看到他这副尊容都不免掩口失笑。

郭子仪听到门人的报告，马上下令左右姬妾都退到后堂去，不要露面，他独自等待。卢杞走后，姬妾们又回到病榻前问郭子仪："许多官员都来探望您的病，您从来不让我们躲避，为什么此人前来就让我们都躲起来呢？"郭子仪微笑着说："你们有所不知，这个人相貌极为丑陋而内心又十分阴险。你们看到他万一忍不住失声发笑，那么他一定会记恨在心，如果此人将来掌权，我们的家族就要遭殃了。"

后来，这个卢杞当了宰相，极尽报复之能事，把所有以前得罪过他的人统统陷害掉，唯独对郭子仪比较尊重，没有动他一根毫毛。

这件事充分反映了郭子仪对待小人的办法既周密又老练。也说明了凡小人都像狼一样，不但狠毒，而且生性多疑。所以，与小人接触的时候，切记不要让他对你有任何疑心。

小人是琢磨别人的专家，敢于为芝麻大小的小恩怨付出一切代价，因此在待人处世中与小人打交道，必须得有一套行之有效的方法才行。如果你既不想把自己降低到与小人同等的地步，也不想与小人两败俱伤的话，那就把脸皮磨厚点，或者睁只眼闭只眼，不理了事；或者惹不起躲得起，尽量不与小人发生正面冲突。一句话，如果不是非有必要，那就别得罪小人。

有人说"君子不念旧恶，小人常怀嫉恨"。有人把"小人"比作"狼"，因为小人不但像狼一样恶毒残忍，而且亦像狼一样生性多疑。对于生性多疑的人，不管是不是小人，都应该远离它。

警惕小人的甜言蜜语

如果有朝一日，你身边的小人突然对你甜言蜜语，关心你、赞美你、器重你，而你却丝毫没有戒心，还沾沾自喜，妄想要托"小人的福"，那真是"请鬼抓药单"。如果真被卖了，除了怪罪自己"见甜忘毒"之外，还能怪谁？

唐朝李林甫，在玄宗朝位居宰相19年。然而他却是一个无德无才，惯于玩弄阴谋手段、排斥和打击不附和自己的人。

开元年间，李林甫的政敌严挺之被贬为绛州刺史。到了天宝初年，唐玄宗突然想起他，便问李林甫说："严挺之现在人在哪里？这个人其实还蛮有才华的。"

李林甫退朝之后，便找到严挺之的弟弟严损之，惺惺作态地和他聊起了旧日的友情，说什么他对严家兄弟一向极为尊重，对昔日友情也相当珍惜，如果彼此之间有什么芥蒂，都是有人存心在挑拨，其实不过是误会一场，听得严损之感动得差点掉下眼泪。

最后说到情深义重之处，李林甫不仅以一副神秘兮兮的模样偷偷告诉严挺之的弟弟，皇帝准备重新重用严挺之，而且还靠近严损之的耳朵，贴心地告诉他应对的窍门："虽然皇帝把绛州看得相当重要，不过，依我的看法，挺之应该找个借口，主动辞掉绛州刺史的职务，回到京师来，等见到皇上后一定会受到重用。"

被李林甫如假包换的一片"情义"感动得一塌糊涂的严损之，当然将这番话迅速地转告了严挺之。没多久，严挺之果然以有病在身为由，向唐玄宗请求回到京师来治病。李林甫好不容易等到这一刻，于是便向唐玄宗说："严挺之告诉我说，他年事已高，体弱多病，想找一个闲差使，保养身体。"

唐玄宗听后，大大地叹息了一番，便真的找了一个什么"员外詹事"的闲官给严挺之做。

严挺之惊讶地听到这个消息后，差点吐血，最后气得大病缠身，没多久就一命归西了。

生活中的小人，就是采取各种欺骗方法，迷惑你，使你落入他的陷阱，达到自己的企图。他们就在你的周围，他们看到你直上青云就会逢迎拍马，专捡好听的话讲；他们看到你事事顺心进展神速而在背后造谣生事，向上层人物进谗言，陷你于不利；有时欺骗、谎言、圈套在他们头脑中酝酿成阴谋套在你身上，使你翻身落马；他们看到你堕入困境则幸灾乐祸趁火打劫。

口中有蜜，腹中有剑，是李林甫这种小人的丑恶嘴脸，《资治通鉴》中记载："李林甫为相，尤忌文学之士。"这种人当面对你很好，说好听的话，可是背后却诬陷于你。对于这样的小人，要特别警惕他的甜言蜜语，看透其背后的小人之心，这样就不至于懵懂无知地上了小人的当。

提防小人的变脸术

有一种人，可能此时对你真诚相待，彼时却突然翻脸不认人。至于何时真诚何时变，完全根据现实的利益需要。这种人就像变色龙一样根据情势变换面目，让你捉摸不透，更无法防范。

1898 年，以康有为、梁启超为首的维新派，在中国掀起轰轰烈烈的维新变法运动。他们的活动得到光绪帝的支持，但他是一个没有实权的皇帝，慈禧太后控制着朝政。光绪帝想借助变法来扩大自己的权力，巩固自己的统治地位，打击慈禧太后的势力。作为慈禧太后，她当然感觉出自己权力受到威胁，所以对维新变法横加干涉。于是，这场变法运动实际上又变成了光绪帝与慈禧太后的权力之争。在这场争斗中，光绪帝感到自己的处境非常危险，因为用人权和兵权均掌握在慈禧的手中。为此光绪帝忧心忡忡，有一次他写信给维新派人士杨锐："我的皇位可能保不住。你们要想办法搭救。"维新派为此都很着急。

正在这时，荣禄手下的新建陆军首领袁世凯来到北京。袁世凯在康有为、梁启超宣传维新变法的活动中，明确表态支持维新变法活动。所以康有为曾经向光绪帝推荐过袁世凯，说他是个了解洋务又主张变法的新派军人，如果能把他拉过来，荣禄——慈禧太后的主要助手——的力量就小多了。光绪帝认为变法要成功，非有军人的支持不可，于是在北京召见了袁世凯，封给他侍郎的官衔，旨在拉拢袁世凯，为自己效力。

当时康有为等人也认为，要使变法成功，要解救皇帝，只有杀掉荣禄。而能够完成此事的人只有袁世凯，所以谭嗣同后来又深夜密访袁世凯。

谭嗣同说："现在荣禄他们想废掉皇帝，你应该用你的兵力，杀掉荣禄，再发兵包围颐和园。事成之后，皇上掌握大权，清除那些老朽守旧的臣子，那时你就是一等功臣。"袁世凯慷慨激昂地说："只要皇上下命令，我一定拼命去干。"谭嗣同又说："别人还好对付，荣禄不是等闲之辈，杀他恐怕不容易。"袁世凯瞪大眼睛说："这有什么难的？杀荣禄就像杀一条狗一样！"谭嗣同着急地说："那我们现在就决定如何行动，我马上向皇上报告。"袁世凯想了想说："那太仓促了，我指挥的军队的枪弹火药都在荣禄手里，有不少军官也是他的人。我得先回天津，更换军官，准备枪弹，才能行事。"谭嗣同没有办法，只好同意。

袁世凯是个心计多端、善于看风使舵的人，康有为和谭嗣同都没有看透他。袁世凯虽然表示忠于光绪皇帝，但是他心里明白掌握实权的还是太后和她的心腹，于是又和慈禧的心腹们勾搭上了。如今他更加相信这次争斗还是慈禧占上风。所以，他决定先稳住谭嗣同，再向荣禄告密。

不久，袁世凯便回天津，把谭嗣同夜访的情况一字不落地告诉荣禄。荣禄吓得当天就到北京颐和园面见慈禧，报告光绪帝如何要抢先下手的事。

第二天天刚亮，慈禧怒气冲冲地进了皇宫，把光绪帝带到瀛台幽禁起来，接着下令废除变法法令，又命令逮捕维新变法人士和官员。变法经过103天，最后失败。谭嗣同、林旭、刘光第、杨锐、康广仁、杨深秀在北京菜市口被砍了脑袋。

袁世凯就是一个很会变脸的小人，既然维新派主动找上门去，说明他在公众面前有一副维新的面孔。而实际上在维新可能成为主流的情况下，袁世凯也确实看到了维新的现实意义，于是马上与维新派打得火热，一副知己的样子；但一旦他看到了新的机会，他才不管什么朋友、道义，自己的利益最重要，马上脸色一变，扬起背后的屠刀。

变脸的小人不可用，但不可不知。他们惯会当面一套，背后一套；过河拆桥，不择手段。他们懂得什么时候摇尾巴，什么时候摆架子；何时慈眉善目，何时凶神恶煞。他们在你春风得意时，马上便会趋炎附势，即使不久前还是"狗眼看人低"，笑容堆面；而当你遭受挫折，风光尽失后，则会避而远之，甚至会落井下石。袁世凯这类奸诈小人，为邀功请赏，飞黄腾达，更不惜让人掉脑袋，可见小人之心险同刀子，不得不防。

以攻代守筑起防火墙

如同攀援在高大挺拔的乔木身上的藤萝永远不会拥有乔木的伟岸潇洒和高瞻远瞩一样，小人的本质注定了他骨子里的渺小猥琐。小人虽然常常舞权弄势，但他既不是帅才，也算不上合格的管理者，他充其量只是耍弄些机巧谋求一点点眼前的利益而已，他阴暗的算计再深远也算不上有韬略有远见。

在小人的眼里，一般人特别看重的"事业"并不是什么重要的东西，只要能够带来利益、满足欲望就是好"事业"，而再辉煌、再有价值的事业倘不能带来足够的名利权势，小人也会弃之如敝屣。只要个人利益需要，小人会不惜任何代价，哪怕败坏了集体和国家的利益也在所不惜。小人的这种作为就类似于无知的孩子为了烤熟一只麻雀而烧毁了整块庄稼或整片森林，只不过孩子是出于无知，怎么说都可以原谅；而小人则恐怕不以为过，反以为荣，甚至会面对着熊熊火海把麻雀嚼得津津有味。

"小人"到处都有，他们造谣生事、挑拨离间、兴风作浪，令人讨厌，但你也没有必要抱着仇视的态度。仇视小人固然可以显示出你的正义，但这并不是保身之道。因为你仇视小人的结果就是得罪了小人，他们势必对你进行报复。也许你不怕他们的算计，也许他们也奈何不了你，但有一点要清楚，小人之所以为小人，是因为他们始终在暗处，用的始终是卑鄙下流的手段，而且不会轻易罢手。

面对小人与其奉劝声色，待清浊自现，不如积极主动，以攻代守。

汉文帝大臣袁盎正直敢言，因此得罪不少人。宦官赵谈颇得文帝宠幸，经常说坏话诋毁袁盎，袁盎深以为忧。

袁盎的侄子袁种亦在朝中为官，看到这种情形，便对叔父说："您可以找个机会当着皇上的面，以正大光明的理由侮辱赵谈，这样做虽然会加深您和赵谈间的摩擦，但从此他对皇上所说的您的坏话，皇上恐怕就不会相信了。"

袁盎接受了侄子的建议，暗中寻找适当的机会。

有一次汉文帝出巡，让赵谈同车，袁盎知道后立刻跪到车前进谏说："臣听说能与天子共乘车驾者，皆天下贤才豪杰之士。如今汉朝纵使没有人才，陛下也不能与那刀锯之余、受过腐刑的卑贱阉宦共乘一车呀！"

汉文帝觉得袁盎的措辞虽然过分，但立场倒是没错，于是笑了一笑，命令赵谈下车。赵谈心里对袁盎恨之入骨。

此后，赵谈又多次在汉文帝面前说袁盎的坏话，但汉文帝一听到这些诽谤的话，就想起那次赵谈受到羞辱的事，认为他这是泄私报复，便一笑置之。

袁盎的做法无疑是为自己建立了一道防火墙！救火员在抢救森林或草原大火时，常会在大火延烧的前方先放火把草木烧掉，当大火烧到这里时，因已无草木可烧，火就会熄灭。袁盎在文帝面前羞辱赵谈，就是在放火烧草木，为自己建立一道大火烧不过来的防火墙。赵谈的谗言不但使不上力，甚至还有可能让文帝感到厌烦，烧到自己。

捧杀小人比棒杀更有效

小人得势的时候，往往气焰嚣张，不可一世。如果直接和这些人对抗，胜算怕是不多的。不如反其道而行之，对其极力吹捧，放言狂赞，这些人在得意之时，就会愈加骄横，也就免不了干下种种不法之事。一旦积怨甚多，他们的好日子便不多了。

西汉末年，虞延在任户牖亭长之职时，权臣王莽的贵人魏氏家的宾客十分霸道，无人敢惹。掌一亭治安警卫之责的虞延为此颇受攻击，说他包庇恶人，谄媚权贵。

一次，虞延的好友被魏氏家的宾客打伤，他心中气愤，便上门对虞延说："恶人势大，都是你纵容的结果，你还不敢承认吗？我今日被打，你若不严办，只怕他日受伤的就是你自己了。"

虞延安慰好友几句，遂后说："你不知我的用心，我也不怪你责怨我了。要知魏氏家的宾客之所以敢如此放肆，不过仗着王莽的权势罢了。他们现在所犯的都是小错，我若抓捕他们，不但不足以严惩，反会让他们有了戒备，那就无法除害了。他们认为我怕了他们，殊不知我正好可以利用此节，让他们罪行暴露，到时王莽也无话可说。"

一日，虞延摆下酒宴，请魏氏家的几个宾客喝酒。在酒桌上，虞延故作亲热地和他们交谈，还出言说："各位乃是贵客，自与常人不同了。有人告你们侵扰乡邻，我是不会相信的。再说，你们树大招风，令人无端攻击也是常事，这能怪你们反击吗？"

几位宾客听之大乐，以为虞延和他们同路，于是称兄道弟，不把他当成外人了。

虞延的家人劝虞延辞官，说："无论怎样，你这个小官也只能受气，何必两头为难呢？抓捕生事的宾客势必得罪王莽；让他们横行，乡邻都私下骂你失职。为了远离灾祸，还是辞官的好！"

虞延为人正直，常有报国之心，他决心为民除害，自不会听家人劝告。他暗中派人监视魏氏家的宾客，又吩咐说："若是一些小事，你们不要管他们；若是他们犯了大案，你们速来回报。"

魏氏家的宾客小事不断，不见虞延惩戒他们，他们的气焰更嚣张了，全然没有了顾忌。一日，他们公然抢夺十几家的财物，大摇大摆地用车载运。

监视他们的人向虞延回报，虞延马上率领兵士闯入魏氏家，把宾客逮捕，依法判了他们的重罪，打入牢中。

可见，整治小人并不一定要用激烈的言辞，言不由衷的赞誉同样可以置人于死地。对自高自大的愚顽之辈，捧杀他远比棒杀他更直接有效。违心地赞誉别人，虽是小人常用的伎俩，但君子拿来对付小人，也是无可指责的。事实上，由于小人的本性使然，死于捧杀的小人是最多的，他们更容易在赞誉面前飘飘然。

控制小人要利用他的欲望

要识别和掌控一个人就必须了解他的欲望，有智慧的人善于役使德行有亏的小人。

小人无处不在，要想把他们彻底清除是难以做到的事。但不妨控制利用他们，尽力让他们为己效命。小人往往私欲膨胀，以此诱使他们，同时慑以声威，就可以驱使他们干任何事了。

武则天在夺权的道路上，不择手段，唯计个人私利。她对唐高宗李治不加重用的没有品行的人，反而是另眼相看，收为亲信。

李义府虽有文采，但为人奸诈，邪巧多方，长孙无忌看透了他的本性，曾多次对唐高宗进谏说："有才无德之人，最能制造祸端，臣见李义府貌似忠厚，实乃奸诈，陛下对此人不可不防。"

唐高宗本想重用李义府，有了长孙无忌的提醒，便渐渐疏远他了。长孙无忌遂找了一个借口，将他贬为壁州司马。

诏书还没有颁下之时，李义府闻讯十分惊恐，他问计于王德俭，接着按其主意给唐高宗上书，建议册立武则天为后。李治感念其情，遂复其原职。武则天知晓此事，大喜过望，她对自己的心腹说："李义府如此知趣，此人当可大用了，我是不会亏待他的。"

武则天的心腹深知李义府的为人，便不屑说："李义府如此行事，并非真心为娘娘效忠。他这个人有才无德，善于见风使舵，娘娘一定要提防他才好，怎可重用他呢？"

武则天闻言即笑，慢声说："他不如此，我又怎会从中得利？这样的人若巧加利用，自会死心塌地地为我卖力，我是求之不得啊。"

武则天当上皇后，立即提升李义府的官职，让他做了中书侍郎，封广平县男爵。李义府贪欲得逞，从此为武则天处处卖命，成了她的得力干将。

礼部尚书许敬宗乃名门之后，是隋朝大臣给事中许善心之子。但他居官不正，贪赃徇私，德行败坏，为正义之士所不齿。许敬宗暗中向武则天投效，武则天却十分欢喜，她对许敬宗说："你遭人非议，岂是你之过耶？都是那些大臣嫉恨你的才学罢了。我一向相信你的品行无失，自会向皇上荐举力言。"

许敬宗感恩戴德，发誓为武则天效忠。武则天的身边人又提醒她说："无德之人，向来没有信义，娘娘不要轻信他了。他素招人怨，娘娘重用此人也无益于大事。"

武则天仍是充满自信，她得意说："邪才一旦制服，其用就了无顾忌，用他来对付那些所谓忠贞之士，不是最好的利器吗？他为名为利，我正好用名利来役使他，有了这个束缚，还怕他不俯首听命？"

于是武则天多次向唐高宗荐举许敬宗，又屡屡为许敬宗遮掩丑事，她还故作气愤地对唐高宗说："自古忠臣难当，多遭毁谤，许敬宗忠于陛下，不徇私情，难怪朝臣每每诋毁他了。陛下若是听信谗言，正是中了奸臣的诡计，妾实难置之不理。"

有了李义府、许敬宗这左膀右臂，武则天行私有助，势力不断地扩大，为她日后登上皇位增添了胜算。

控制小人要学习武则天的谋略，满足小人的欲望并抓住他的弱点以役使他，小人即可为你所用。

借力打力躲过小人的陷害

奸诈小人最善背地里暗算他人，他害了人，人也不知被其所害，甚至被害人者所杀还不知谁是刽子手。对于奸诈的人，很难窥测其内心世界，他们表里不一：或笑颜常开，或关怀备至，或卑躬屈膝，因而使人对他感到可亲、可爱、可信。他们正是利用这些假象掩盖他所隐藏的利剑，在你毫无警备的情况下栽在他的手里。因此，对奸诈的人切不可近，不得已而近之，也要千万小心，经常警惕，以免落入他的圈套。

战国时候，张仪和陈轸都投靠至秦惠王门下，受到重用。不久张仪便产生了嫉妒心，因为他发现陈轸很有才干，比自己强得多，担心日子一长，秦王会冷落自己,喜欢陈轸。于是他便找机会在秦王面前说陈轸的坏话,进谗言。

一天，张仪对秦惠王说："大王经常让陈轸往来于秦国和楚国之间，可现在楚国对秦国并不比以前友好，但对陈轸却特别好。可见，陈轸的所作所为全是为了他自己，并不是诚心诚意为我们秦国办事，听说陈轸还常常把秦国的机密泄露给楚国。作为大王您的臣子，怎么能这样做呢？我不愿再同这样的人一起做事。最近我又听说他打算离开秦国到楚国去。要是这样，大王还不如杀掉他。"

听了张仪的这番话，秦王自然很生气，马上传令召见陈轸。一见面，秦王就对陈轸说："听说你想离开我这儿，准备上哪儿去呢？告诉我吧，我好为你准备车马呀！"

陈轸一听，莫名其妙，两眼直盯着秦王。但他很快明白了，秦王是话中有话，于是镇定地回答："我准备到楚国去。"

果然如此，秦王对张仪的话更加相信了，于是慢条斯理地说："那张仪的话是真的？"

原来是张仪在捣鬼！陈轸心里完全清楚了。他没有马上回答秦王的话，而是定了定神，然后不慌不忙地解释说："这事不单是张仪知道，连过路的人都知道。从前，殷高宗的儿子孝己非常孝敬自己的后母，因而天下人都希望孝己做自己的儿子；吴国的大夫伍子胥对吴王忠心耿耿，以至天下的君王都希望伍子胥做自己的大臣。卖仆妾时如果能卖到邻里，这就说明他们是好仆好妾，因为邻里人了解他们才买；一个女子出嫁，如果同乡的小伙子争着要娶她，这就说明她是个好女子，因为同乡的人了解她。我如果不忠于大王您，楚王又怎么会要我做他的臣子呢？我一片忠心，却被怀疑，我不去楚国又到哪里去呢？"

秦王听了，觉得有理，点头称是，但又想起张仪讲的泄密的事，便又问:"既然这样,那你为什么将我秦国的机密泄漏给楚国呢?"陈轸坦然一笑,对秦王说:"大王,我这样做,正是为了顺从张仪的计谋,用来证明我是不是楚国的同党呀!"

秦王一听,却糊涂了,望着陈轸发愣。

但陈轸还是不紧不慢地说:"据说楚国有个人有两个妾。有人勾引那个年纪大一些的妾,却被那个妾大骂一顿。他又去勾引那个年轻一点的妾,年轻的妾对他很友好。后来,楚国人死了。有人问他:'如果你要娶她们做妻子的话,是娶那个年纪大的呢,还是娶那个年纪轻的呢?'他回答说:'娶那个年纪大些的。'这个人又问他:'年纪大的骂你,年纪轻的喜欢你,你为什么要娶那个年纪大的呢?'他说:'处在她那时的地位,我当然希望她答应我。她骂我,说明她对丈夫很忠诚,现在要做我的妻子了,我当然也希望她对我忠贞不贰,而对那些勾引他的人破口大骂。'大王您想想看,我身为秦国的臣子,如果我常把秦国的机密泄露给楚国,楚国会信任我、重用我吗?楚国会收留我吗?我是不是楚国的同党,大王您该明白了吧?"

秦惠王听陈轸这么一说,不仅消除了疑虑,而且更加信任陈轸,给了他更优厚的待遇。

小人是不会当着你的面中伤、算计你的,他们会在你背后,在你不知不觉的时候给你一刀,或者挖好了陷阱等你走进去。这就需要你通过一些蛛丝马迹察觉小人的阴谋,最好能顺着小人给你的路,跳过陷阱。

尽量避开小人的纠缠

对于一般人而言,人生是异常拥挤忙碌的。为了生计,为了家庭,为了个人的一番事业,他们奔波劳碌,人生的很多风情和景致都是无暇顾及的,更不要说分出心思来跟小人纠缠、勾斗。小人的人生也同样是忙碌的,但他的脑力和体力都投注于对人的捉摸上,以至于他即便是想做点正事也是根本做不成的。

小人一旦发现当前时期内可以利用的目标,就会极尽阿谀奉承,迎合拉拢,蝶恋花一般不离左右,直至善良的人们相信了他、亲近了他甚至于将他引为知己。这样，小人和善良的人们就会有一段或长或短的情谊上的"蜜月期"，在这段时间里小人可以算得上是善良人们的亲密战友、得力助手、肝胆相照的朋友和最有力的支持者。然而，小人的本质决定了他不可能长久地和某一对象保持亲近，他冷硬的内心世界也并不渴求拥有一份真挚的友情，因此一旦小人完成了对他人的利用，或者他的真实面目被人察觉以至于妨碍了他计划的顺利实施，他们就会放弃自尊，百般纠缠。

小人撕破脸皮后的嘴脸是极其可怕的，他会死死缠住你不放，令你无法正常生活。与他们扯皮就好像陷入泥潭之中，越挣扎陷得越深。

因此，对付小人，还是不要跟他们一般见识。同时，也不要刻意揭露他们的面纱，还是保持距离为妙。

在与小人打交道时务必考虑周全，最好不要与其发生正面冲突。论实力，小人并不强大。但他们不择手段，什么下三烂的招数都可能使出来。纵使赢了小人，也会付出代价，惹得一身腥。俗话说"新鞋不踩臭狗屎"，还是躲为上策。

另外，对于那些既不要脸，又不要命的小人，更要小心避让。小人固然厉害，但你并不怕他，避开小人完全是因为你根本不值得把太多的精力浪费在这些毫无意义的事上。一旦把握不好自己的行为界限，得罪小人，他就会想方设法来算计你，破坏你的正事，分散你的精力，使你不能安心于工作、学习和生活。

人都是要脸面的，当面对小人的挑衅而不理睬的时候，也需要灵活应对，所以老祖宗留下来的这句"宁得罪君子，不得罪小人"，可谓是待人处世中与小人打交道的至理名言。

与小人打交道，还真得有一套行之有效的方法才行。前人总结出两个要诀：其一，惹不起躲得起，尽量不与小人发生正面冲突；其二，惹得起也要躲。

第七章

善于听出弦外之音

纪伯伦曾经说过："如果你想了解一个人，不是去听他说出的话，而要去听他没有说出的话。"一般说来，一个人不会轻易把自己真实的意见、想法直接地表达出来，但他的感情或意见，总会在他的语言表达里体现得清清楚楚。因此，如果你想真正地了解一个人，就不要去刨根问底，而是要做一个聪明的听者，从他的弦外之音中揣摩出他真正的心思。

善于倾听

由于世上只喜欢谈论自己的人居大多数，因此愿意安静聆听别人说话的人备受欢迎。所以，成为聆听好手也是扩展人际关系的重点之一。

话多的人，难免夸夸其谈，油嘴滑舌，难免言多必失，祸从口出。而静心倾听则不会产生这些麻烦，倒有兼听则明的好处。善于倾听的人，能够给别人以充分的空间诉说自己，给人的印象是谦虚好学、专心稳重、诚实可靠。他们性格温和，多半不会急躁。他们懂得，认真听能减少不成熟的评论，避免不必要的误解。善于倾听的人常常会有意想不到的收获：蒲松龄因为虚心听取路人的述说，记下了许多聊斋故事；唐太宗因为兼听而成明主；齐桓公因为细听而善任管仲；刘玄德因为恭听而鼎足天下。

不善于倾听，说话总是滔滔不绝的人，人际关系通常都很失败。很多时候不在于他们说错了什么，或是应该说什么，而是因为他们听得太少，或者不注意听。比如，别人的话还没有说完，他们就抢口强说，讲出些不得要领、不着边际的话，或者迫不及待地发表自己的见解和意见。对方兴致勃勃地与他们说话，他们却心不在焉，手上还在不断拨弄这个那个，这样的人往往是不能从别人的话语中领悟到什么的。

专注认真地倾听别人说话，向对方表示你的友善和兴趣，这样做的最大价值就是深得人心，能使双方感情相通，增加信任度。

在谈话过程中，你若耐心倾听，等于告诉对方"你说的东西很有价值"，或"你值得我结交"，等于表示你对对方有兴趣。同时，这也使对方感到他的自尊心得到了满足。由此，说者对听者的感情也更进一步加深了，说者会觉得"他能理解我"，"他真的成了我的知己"。于是，二人心灵的距离缩短了，只要时机成熟，两个人就可以成为好朋友。

由此可见，适时的倾听对人际交往十分有益。让他人先吐为快，既表示了对其尊重，又能借机了解其为人。此外，你低调的言行又会使对方感到你的和善、谦逊。有人认为，言行低调可能会被人轻视或忽略，得不到关注。事实上，低调一些，你会赢得更多的好感、机遇，以及朋友。这样看来，与其自顾自地滔滔不绝，倒不如将说话的机会让给他人。

只要将人际关系融洽的人和人际关系僵硬的人做个比较，就会明白，越是善于倾听他人意见的人，人际关系就越理想。就是因为，聆听是对对方的一种褒奖。

真意往往在言外

谈话交流有一种情况非常令人尴尬，那就是说者有心，听者却无意。任你费尽心机，磨破口舌，对方总是不明白你真正的意思，结果是听的着急，说的更着急，极度尴尬。当然了，我们这里所说的"意"，指的是"言外之意"。

毫无疑问，我们是需要"言外之意"的。毕竟在很多时候，说话不能太直接、太明了。比方说，批评人，你不能伤了人的自尊；给领导提建议，你不能让人觉得你比领导还强；事情紧急，但涉及商业机密，只有你的亲信才能明白的"暗语"是最好的选择……

战国时期，楚国发兵攻打齐国。齐威王决定派能言善辩的淳于髡去赵国求救。他让淳于髡驾上马车10辆，装上黄金100两。淳于髡见了放声大笑，连系帽子的带子都笑断了。

齐威王就问："先生是嫌这些东西少吗？"

淳于髡说："我怎么敢嫌少呢？"

齐威王又问："那你刚才笑什么呀？"

淳于髡说："大王息怒，今天我从东面来时，看见有个农民在田里求田神赐给他一个丰收年，他拿着一只猪蹄和一坛子酒，祈祷说：'田神啊田神，请你保佑我五谷成熟，米粮满仓吧！'他的祭品那么少，而想得到的却是那么多。我刚才想到了他，所以禁不住想笑。"

齐威王领悟了他的隐语，马上给他黄金1000两，车马100辆，白璧10对。淳于髡于是出使赵国，搬来了10万精兵。

为了能够敏感地听懂别人言外之意，必须养成这样的习惯：当你听别人的谈话，或者是你在和别人交谈时，你要自问："他为什么要这么说？""他那句话中的'弦外之音'是什么？"

如果对方是在炫耀他那光荣的过去，这时候你就要留心了，因为此时他心里正在期待着你的夸奖。所以，只要是认为值得或应该夸奖的，你就不妨夸奖他一下。当对方在显示他的博学或机智的时候也是一样，你也应该夸奖他，这样，你一定能够获得他的好感。

同时，你也要懂得如何听出讥讽、嘲笑、挖苦等言外之意。对方之所以会向你说这种话，一定是因为对你感到不满。遇到这种情况时，你不要立刻反驳或一味生气，免得和对方发生不必要的冲突。不过，事后最好能自己检讨一下，为什么别人会讥讽你？你本身是否有什么缺点？或者是否无意中得罪了人家，引起别人对你的怨恨，而以讥讽消除心中对你的怨恨呢？当你明白了其中的原因之后，若能够及时改正自己的行为，必然会得到他人的谅解。

在语言交流中，若你能听懂"弦外之音"，领会"言外之真意"，你会愈来愈觉得与人对话是一种很有趣的享受。

由说话方式猜透对方所想

在人际交往中，人们通常会把自己的真实情感深深地隐藏起来，但无论怎样，他的言谈中总会流露出"蛛丝马迹"。这时，若想探究对方的思想，需要用心去体察，注意他话语中蕴含的意思，推测他同意或赞赏的观点，这样，就可以对他有另外的认识。

说话方式便是一个透露对方内心所想的"窗口"。一个人的说话方式不同，所反映出的真实想法也不同，注意对方的说话方式，你便能猜透对方的真实心理，听出对方在想什么。

(1)如果对某人心怀不满，或者持有敌意时，许多人的说话速度都变得迟缓，而且稍有木讷的感觉。如果有愧于心或者说谎时，说话的速度自然就会快起来。

例如，有一个男人每天下班都按时回家，而这一天他下班后却留在办公室与同事打扑克，回到家时，他就马上跟老婆说他加班了。那位"加班"的男人，在他向老婆解释时，说话的语调不仅快，而且慷慨激昂，好像今天"加班"的确让他很反感——他是很不愿意"加班"的。这样，他可以解除内心潜在的不安。

(2)当两个人意见相左时，一个人提高说话的音调，即表示他想压倒对方。

(3)对于那种怀有企图的人，他说话时就一定会有意地抑扬顿挫，制造一种与众不同的感觉。这样的人有一种吸引别人注意力的欲望，自我显示欲在言谈之中隐隐约约地就透露出来了。

(4)说话暧昧的人大多数喜欢迎合他人，他们说同一句话既可这样解释，又可那样解释，含糊其辞。这种人处世圆滑，从不肯吃亏，懂得如何保护自己和利用别人。

(5)经常对他人品头论足，说长道短，这样的人嫉妒心重，心胸狭窄，人缘不好，心中孤独。如果他对诸如别人不跟他打招呼之类的小问题耿耿于怀，说明他在自尊心上受挫，渴望得到别人的尊重。有些人常以领导的过失和无能为话题，则表明他自己有出人头地、取而代之的愿望。

(6)有人在说话时极力避开某个话题，这说明他在这方面有隐衷，或者在这方面有强烈的欲望。比如当一个人的心中对金钱、权力或某异性怀有强烈的欲望时，很怕被别人识破，于是就故意避开这个话题以掩饰自己的真实用意。

(7)交谈时，对方先是与你谈一些家常话，这表示他想试探你的态度，了解你的实力，探明你的本意，然后好转入正题。

总之，说话方式在一定程度上也能透露对方的内心真意。在与人交谈时，注意观察对方的说话方式，是了解对方说话本意的一个有效的方法，会给你带来意外惊喜和收获，也能使你先一步掌控对方。

从话题探索他的心理

若想通过外部表现去了解一个人的性格特征和思维方式，可以从他们谈论的话题入手，注意他们谈论的感兴趣的事情，这样就会发现他们所表现出来的某些性格特征。也就是说，人们的一些平日不为人知的情绪会从某个话题中呈现出来。

通过一个话题探索到对方的深层心理，其方式有两种：一是根据话题内容来推测对方的心理秘密；二是根据谈话的方式洞察对方的深层心理，以了解对方的个性特征。如果要想了解对方的性格和内心动态，最容易的办法，就是观察话题和说话者本身的相关情况。所以说，言谈话语，是了解人的重要途径。

明洪武初年，浙江嘉定安亭有一个名为万二的人，他是元朝的遗民，在安亭郡堪称首富。一次，有人自京城办事归来，万二问他在京城的见闻。这人说："皇帝最近做了一首诗。诗是这样的：'百僚未起朕先起，百僚已睡朕未睡。不如江南富足翁，日高丈五犹披被。'"万二一听叹口气道："唉，迹象已经有了！"他马上变卖家产，自己买了一艘船，载着妻子，向江湖泛游而去。两年不到，江南大族富户都分别被收缴了财产，门庭破落，唯有万二逃之于外。

一个睿智的人，是很少谈及自己的东西的，而是将对方引出来的话题分析、整理，不断地从对方身上吸取知识和信息。

苏东坡是宋代文学家，他极具语言的天赋，雄辩无碍的他，却非常注重别人的谈话。和朋友聚会，他总是会静下心来，听他们高谈阔论。一次聚会中，米芾问苏东坡："别人都说我癫狂，你是怎么看的？"苏东坡诙谐地一笑："我随大溜"。众友为之大笑。即使是朋友间的不同观点，他也以"姑妄言之，且姑妄听之"的态度对待。

因此，从一个人所谈论的话题可以反映出他的思想活动，我们可以由此听出对方的想法。

(1) 有些人非常想要探听对方的真实情况，这是有意抓住对方要害，期待能进一步控制对方的意思。

(2) 有些人对于别人的消息传闻特别感兴趣，这种人很难获得真正的友谊，所以，他内心非常孤独。

(3) 有些女性虽然早已青春不在，但也常常喜爱谈论有着"恋情"或"爱情"的事情，这表示在她内心也隐藏着情欲不满的事实。

(4) 有些人会愤愤不平地埋怨待遇低微，其实，有很多人因为对工作不热心，才会将这种内心的动机转化在待遇低微的借口上。

(5) 有些人不断谴责上司的过错和无能，事实上是他自己想要出人头地的意思。

(6) 有人借着开玩笑，常常破口大骂，或者指桑骂槐，这是有意将积压内心的欲求不满设法爆发出来。

(7) 有人一直谈论会场的话题，而不喜欢别人来插话，这表示他讨厌自己屈居在别人的控制之下。

(8) 有人把话题扯得很离谱，或者不断改变话题，这表示他的思考不够集中，以及思维方式缺乏逻辑性。

听懂别人的场面话

语言是人类沟通的工具，从一个人的言谈，足以知悉他的心意与情绪，但是，若对方口是心非，就令人猜疑了。这种人往往将意识里的冲动与欲望，以及所处环境的刺激修饰伪装后，以反向语表现出来，令人摸不清实情。

例如，偶遇个性不投的朋友，往往抛出社交辞令客套邀约："哎呀，哪天到舍下坐坐嘛！"其实心里的本意可能是："糟糕，又遇上了，赶紧开溜为妙！"这种与本意相反的场面话，往往是因为内心的不安与恐惧，为求自我安慰，于是一而再，再而三，因循成习。

说场面话也是一种生存智慧，在人性丛林里进出过一段时日的人都懂得说，也习惯说。这不是罪恶，也不是欺骗，而是一种必要。

有一个人十几年没有升迁，于是去拜访一位主管调动的单位负责人，希望能调到别的单位，因为他知道那个单位有一个空缺，而且他也符合条件。

那位主管表现得非常热情，并且当面应允，拍胸脯说："没问题！"

他高高兴兴地回去等消息，谁知几个月过去，一点消息也没有。打电话过去，不是不在就是正在开会；问其他人，别人告诉他，那个位子已经有人捷足先登了。他很气愤地说："那他又为什么对我拍胸脯说没有问题？"

这件事的真相是：那位主管说了场面话，而他相信了主管的场面话！

场面话有的是实情，有的则与事实有相当的差距。听起来、说起来虽然不实在，但只要不太离谱，听的人十之八九都会感到高兴。

诸如"我全力帮忙"、"有什么问题尽管来找我"等，这种话有时是不说不行，因为对方运用人情压力，若当面拒绝，场面会很难堪，而且会得罪这个人；若对方缠着不肯走，那更是麻烦，所以用场面话先打发，能帮忙就帮忙，帮不上或不愿意帮忙就再找理由。总之，场面话有缓兵计的作用。

对于拍胸脯答应的场面话，你只能保留态度，以免希望越大，失望也越大。你只能姑且信之，因为人情的变化无法预测，你既测不出他的真心，只好先做最坏的打算。要知道对方说的是不是场面话也不难，事后求证几次，如果对方言辞闪烁，虚与委蛇，或避而不见，避谈主题，那么对方说的就真的是场面话了！

总之，对场面话的真实性要有所保留，否则可能会坏了大事。对于称赞、同意或恭维的场面话，要保持冷静和客观，千万别因别人两句话就乐过了头，因为那会影响你的自我评价。冷静下来，才可以看出对方的心意如何。

第八章

巧舌是最妙的操纵术

生活中，要使别人接纳你的意见、建议，不能威逼利诱，要使之心悦诚服，这时，掌握说服术就显得尤为重要。

要说服对方，首先要了解对方，才能对症下药。在说服过程中要晓之以理，动之以情，耐心劝说。俗话说："冰冻三尺，非一日之寒。"动用你的巧舌，耐心细致地说服对方，使他对你产生信赖感，并逐渐了解、赞同你的看法，舌头就是最好的操纵你周围的人的利器。

用好舌头，事半功倍

要影响、说服你周围的人，说话技巧有着不可估量的作用，它可使你以更小的代价来达到目的。人都有觅求同类或知音的倾向，要想使对方将你纳入知音之列，必须投其所好，而千万不能惹人反感，叫人生厌。因此，我们应当学会在不同情境之下，与不同的人说话的技巧，以达到事半功倍的效果。

对性格外向、喜欢交际的人，在办公室与他们谈话，一般不会有什么副作用；而性格内向、胆小怕事、敏感多心的人则容易产生副作用。此时，就应当换个环境，在室外、院子里随便谈心，才容易达到说服的目的。

谈话的话题应该视对方的情形而定，再好的话题，若不能符合对方的需要，就无法引起对方的兴趣，最好是想办法引出彼此共通的话题来，才能聊得投机，然后再设法慢慢地把话题引导进自己所要谈论的范围里。

谈话的材料不要总是老生常谈，或是在家长里短的范围打转，如此不但容易使对方厌倦，同时也是画地自限。无法拓展谈话的范畴，就不能进一步使对方了解自己，更不必说与对方深切交往了。

无论谈到什么问题，都要把自己目光所及、脑中所思传达给对方，对任何问题都能发表独到的见解是最重要的。但也不要夸夸其谈，显示自己什么都懂。

在日常谈话中，一般人都是说些身边琐事，这或许是想向对方表示亲切。在正式的交谈中，不要把老婆、儿女当作谈话的资料。有些人习惯性地讲几句正经话后，就把话题扯到老婆、儿女的身上，像这种专门把老婆、儿女挂在嘴边的人，总给人不务正业的感觉。像这样尽说家务事，不能算是好的谈话内容。

谈话先从政治、经济等比较严肃的话题开始，然后再涉及文学、艺术、个人的兴趣方面等比较轻松的话题。总之，将自己的观念见解堂堂正正地公布出来，使得彼此都能有共通的思想，才是最好的谈话。

谈话的语言要视对方的修养而选择，做到能雅能俗，才不会使对方有格格不入的反感。

一个能够影响别人的人，一定很注重礼貌，用词考究，不致说出不合时宜的话，因为他知道不得体的言辞往往会伤害别人，即使事后再想弥补也来不及了。如果一个人举止很稳重，态度很温和，言辞中肯动听，双方自然就能谈得投机，分别后也会彼此怀念不已。

所以，为了使对方对你产生好感，必须言辞得当，讲话前先斟酌思量，不要不动脑筋，想到什么说什么，这样最容易引起别人的反感，影响交谈的效果。

叫"闷葫芦"开口说话

遇事闷头思考一言不发的人常被人们叫作闷葫芦，他们由于想得过多，以至于很少甚至忘却了讲话。让他们开口比让铁树开花还难。这时候，你不妨使用以下五种"打破沉默的方法"，它们非常有用，甚至能使最沉默寡言、最害羞的人开口讲很多话。

1. 赞扬加提问

即使是最害羞的人在听到赞扬时也会心花怒放。你要让不愿说话者知道，听众欣赏并感激他们所作的努力，认为他们的专业知识非常有价值。然后你再让他们详细陈述自己的观点。你可以通过简短的提问暗示他们，只有那些有专业背景和知识的人才能回答你的问题。

再沉默寡言、吝啬词句的人，听到如此积极的反馈也会变得平易近人。在听的过程中，类似的"甜言蜜语"会使你得到你想要的信息。

2. 直接提问

少言寡语者,即那些只说"是"或"不是"的人会觉得说话越少越自在，对他们这一特点可以巧加利用。你也可以利用他们吝惜语言的特点，先弄清你究竟想知道什么，然后直截了当地提出只需回答"是"或"不是"的问题，或者提出只需回答一两句话的简短而切中要害的问题。

3. 引发议论

只要有合适的鱼饵，最不容易上钩的鱼也会上钩。为使不愿说话者打破沉默，你要用容易引起争论的陈述或问题做鱼饵。你可以围绕你想了解的主题，很有礼貌地对说话者提出疑问，或者就现有的理论提出反对意见。当自鸣得意的观点遇到挑战，或有机会拆穿一个广为流传的谬误时，很少有人会无动于衷。

4. 不要打断

一旦你想方设法让不愿说话的人开了口，你就要把自己的嘴闭上。如果你在他们说话时插嘴，陈述你的看法，就会使他们有借口停止说话。而此时，想要再让他们开口会非常之难。即使你想到一个重要问题，或有什么高见，都不要急着说出来，要等到他们说完之后再把你的见解说出来。

5. 适当反馈

要想让不愿说话的人继续讲话，你需要告诉他们，他们说的细节非常有趣、非常有价值，纵使他们算不上世界上最好的说话者，你还是非常希望他们能继续说下去。但注意,不要用语言来鼓励他们,这只会让他们分心。

你要运用身体语言,通过看得见的信号对他们做出积极反馈。同意时点点头,赞许时微微一笑。有意识地盯着说话人的眼睛,就好像他在说一件你从未听过的、有意思的事。

迎合对方的心理

要想让对方接受你的劝说,首先要了解对方的心理,再通过对方感觉不到的小小的压力渐渐地使他消除戒备心理,这是很奏效的。

与人交谈时,话题的展开如果能迎合对方的心理,就能以更加牢固的纽带来连接双方心理上的"齿轮",增进彼此的情感交流。我们往往都认为,只要说得有理对方就一定能接受,但是,要使对方真正理解并能彻底接受,就应该将沟通建立在这种共同的心理之上。

小吴大学毕业以后决心自谋职业。一次,他在一家报纸的广告里看到某公司征聘一位具有特殊才能和经验的专业人员。小吴没有盲目地去应聘,而是花费很多精力,广泛收集该公司经理的有关信息,详细了解这位经理的奋斗史。那天见面之后,小吴这样开口:

"我很愿意到贵公司工作,我觉得能在您手下做事,是最大的光荣。因为您是一位依靠奋斗取得事业成功的人物。我知道您28年前创办公司时,只有一张桌子、一位职员和一部电话机,经过您的艰苦奋斗,才有了今天的事业。您这种精神令我钦佩,我正是奔着这种精神才前来接受您的挑选的。"

所有事业有成的人,差不多都乐于回忆当年奋斗的经历,这位经理也不例外。小吴一下子就抓住了经理的心理,这番话引起了经理的共鸣。因此,经理乘兴谈论起他自己的成功经历。小吴始终在旁洗耳恭听,以点头来表示钦佩。最后,经理向小吴很简单地问了一些情况,终于拍板:"你就是我们所需要的人。"

要想把话说到点子上,就必须抓住对方的心理。如果不知对方心理所想所需,是无法说到点子上的。就像一个神枪手,如果蒙上他的眼睛,再让他去找一个目标,那么,他只能凭感觉去打,这是难以击中目标的。所以,与人说话时，必须要洞察、迎合对方的心理，才能说到点子上。

带他跟着你的话题走

在日常会话中，我们总是会碰到这样的交谈者，他们喜欢把自己要说的意思反反复复地说明，详尽得让人几乎厌烦。遇到这种情况，你是任凭对方继续无休止地发挥，还是粗暴无礼地打断他的话？这两种方法都不是很好，你应当以柔和的方式诱导他进入你的话题，如："简洁一点说，你应该这样表述……"

叫对方的意思跟着你的话题走，这种行为称为"诱导"。

可以说，诱导是会话双方的一种意识交流，假如会话双方意见相悖且相互攻击，肯定无法促成"心意的相互交流"，说不定还会使说话者产生消极情绪。因此，当除你之外的其他听众由于说话者过于啰唆的语言，失去了对谈话内容的兴趣，或是由于谈话内容抽象无法理解，你就应该将说话者的意思诱导到自己理想的本意中来。

我们来看一位推销员是如何诱导顾客的。

推销员：请问你需要多大吨位的？

顾客：很难说，大致两吨吧！

推销员：有时候多，有时候少，对吗？

顾客：是这样。

推销员：究竟要哪种型号的卡车，一方面要看你运什么货，一方面要看在什么路上行驶，你说对吗？

顾客：对，不过……

推销员：假如你在丘陵地区行驶，而且你们那里冬季较长，这时汽车的机器和车身所承受压力是不是比正常情况下要大些？

顾客：是这样的。

推销员：你们冬天出车的次数比夏天多吧？

顾客：可不是，多多了，夏天生意不行。

推销员：有时候货物太多，又在冬天的丘陵地区行驶，汽车是否经常处于超负荷状态呢？

顾客：对，那是事实。

推销员：从长远的眼光看，是什么因素决定买车型号时，是否留有余地？

顾客：你的意思是……

推销员：从长远的眼光看，是什么因素决定买一辆车值不值呢？

顾客：当然要看车的使用寿命。

推销员：一辆车总是满负荷，另一辆车从不超载，你觉得哪一辆寿命更长些呢？

顾客：当然是马力大、载重多的一辆。

推销员：所以，我建议你买一辆载重4吨的卡车可能更划得来。

顾客表示赞同。

这位推销员就是在平淡无奇的谈话中，设法让顾客跟着他的思想走，达到成功推销的目的。诱导别人的一个绝妙方法就是从一开始你就要对方回答"是"，而千万不要让他说出"不"来，所以，与人交往先得迎合对方的心理，使对方觉得这次交谈是商讨，而不是争辩。

从心理学的角度来说，当一个人对某件事说出了"不"字，无论在心理上还是生理上，比他往常说其他字要来得紧张，他全身组织——分泌腺、神经和肌肉——都聚集起来，成为一种抗拒的状态，整个神经组织都准备拒绝接受。反过来看，一个人说"是"的时候，没有收缩作用的产生，反而放开，准备接受，所以在开头我们获得"是"的反应越多，才能越容易得到对方对我们最终的认同。

投其所好说服他

在交谈中，要达到说服对方的目的，就应该投其所好。只有投其所好，你的话才能在对方心中发生作用。

比如，对方是个好名的人，你不了解清楚，偏对他大讲有利可图的事情，即使你所讲的确有其事，他也不会对你产生兴趣，因为好名的人，并不见得好利，而你偏与他谈利，必不能收到良好的效果。

有一个富商，他本是一个好利的人，如果有人向他提供如何致富的点子，则会欣然接受。到了晚年，他由好利变为好名，这种心理上的转变，还没有人知道。有某人对于生财之道，自认大有心得，设法与这位富翁相见，乘机提出他的生财大计，谁知道这位富翁听了，丝毫不感兴趣，待他说完，淡淡地回答说："我不要再发财了，正想谋求散财之道。"他一听，出乎意外，只好垂头丧气而退。

同样，好利的人，也许不在乎名，认为名是寒不可以为衣、饥不可以为食的东西，劳心求我，其愚可怜。你要是对投机商人讲如何发财，如何利用机会，他绝对会虚心求教，你要是跟他讲如何出名，他自然昏昏欲睡，或顾左右而言他。

我们看看美国黑人出版家约翰逊是如何投其所好地说服别人的，不妨在生活中借鉴一下：

约翰逊就是用这个做法招徕真尼斯无线电公司的广告的。当时真尼斯公司的举权者是麦克唐纳，是一个精明能干的总经理。约翰逊写信给他，要求和他面谈真尼斯公司广告在黑人社区中的利害关系。麦克唐纳马上回信，但却以不分管广告为由拒绝了约翰逊。

约翰逊不甘心被麦克唐纳那官腔式的回信所回绝，他拒绝投降。

答案是再清楚不过的：麦克唐纳管的是政策，当然也包括广告政策。约翰逊再次给他写信，问可否去见他，交谈一下关于在黑人社区所执行的广告政策。

"你真是个不达目的誓不罢休的年轻人，我将接见你。但是，如果你要谈在你的刊物上安排广告的话，我就立即中止谈话。"麦克唐纳回信说。

于是就出现一个新问题。约翰逊该谈什么呢？

约翰逊翻阅美国名人录。发现麦克唐纳是一位探险家，在亨生和皮里准将到达北极那次闻名探险之后的几年，他也去过北极。亨生是个黑人，曾经将他的经验写成书。

约翰逊认为这是好机会。他让纽约的编辑去找亨生，求他在一本他的书上亲笔签名，好送给麦克唐纳。他还想起亨生的事迹是写故事的好题材，这样他就从未出版的七月号（乌檀）月刊中抽掉一篇文章，以一篇简介亨生的文章代替它。

约翰逊刚步入麦克唐纳的办公室，他第一句话就说："看见那边那双雪鞋没有？那是亨生给我的。我把他当成朋友。你熟悉他写的那本书吗？"

"熟悉。刚好我这儿有一本，他还特地在书上为你签了名。"

麦克唐纳翻阅那本书，接着，他带着挑战的口吻说："你出版了一份黑人杂志。依我看，这份杂志上应该有一篇介绍像亨生这样人物的文章。"

约翰逊表示同意他的意见，并将一本七月号的杂志递给他。他翻阅那本杂志，并点头赞许。约翰逊告诉他说，他创办这份杂志就是为了弘扬像亨生那样克服重重困难而达到最高理想的人的成就。

"你知道，我看不出我们有什么理由不在这份杂志上刊登广告。"麦克唐纳最后说。

迎合别人的心理，投其所好，引起他的感情共鸣，自然能顺利达到说服的目的。

问出对方的本意

与人交谈时，掌握问话的技巧，恰到好处地提问，就能逐步探明对方的本意，从而达到交谈的目的。

开始时，应让对方回答一些较容易回答的问题，然后渐渐地提出一些不能用"是"或"不是"回答的问题，如："你喜欢什么？""为什么喜欢呢？"继续地提出这类问题，对方即使是很厌烦，但仍然必须以自己的话来回答，当然这样也能较具体地把对方内心的话反映出来。在社交中特别想知道对方的意图时，这个方法可以有效地达到目的。

有一位心理专家颇有口碑，许多人都希望与他坦诚地交谈。他的独门绝招就是利用问话问出对方一些真实的想法。即在交谈中，对方说出似乎有些异常的话时，便马上再用这些异常的话来反问对方，便可以探出对方的真意了。

譬如，有一次，一位中年妇女来到专家这里，主要话题是她的丈夫经常夜归的问题。一开始，这位妇女举出很多认为她丈夫夜归是因为有外遇的理由，随后，她突然冒出一句："为什么只有男人可以这么做，却不准我们女人这样做……"这位心理专家马上反问道："'只有男人'这话怎么个意思？"

这位妇女当即歇斯底里地说："不，说这种男人对爱情不专是男人有魅力的表现，是陈旧的观点，我也很想这么做，也想背叛他……"他又反问道："虽说是陈旧的观点，那你认为现代女性应当水性杨花吗？"

她思忖了一阵，答道："不是的！不是这样的！不是爱情不专这件事好或不好，而是我讨厌他老跟我撒谎……"心理专家又问："那么不撒谎，坦白对你说出来就可以原谅吗？你觉得这种爱情不专的做法好吗？总之，你可不能因为丈夫这样做，自己也想去试试爱情不专的行为……"

听完专家的一番话后，这位中年妇女羞涩地承认了自己的想法不对。

这位心理专家敏捷地抓住了"只有男人……"这句话，引发对方道出自己内心深处的欲望——总想去试试爱情不专的感觉。

问话是表示虚心，表示谦逊，同时也是表示尊重对方的意思。"帮我把信寄了"就远不如说"能不能帮忙寄封信"使人听了觉得舒服些。

同样，对某件事情不明白，就不妨请教别人。一个坦白的求教于人的问话，最能博取别人的欢心。

可是怎样问呢？问话的方法有很多种，收效各有高低。高明的问法使人心中喜悦，而愚蠢的问话则会引起对方的嘲笑或者反感。

问一个女子："你喜欢男人吗？"这真是一个蠢到无以复加的问题！

"这蛋糕新鲜吗？"很多人曾经向食品店的店员问过这样的话，而且也问过很多次。其实，这也是最蠢的问话之一，等于问你的爱人"你没有欺骗我吗"一样可笑。这种问话，不但得不到真实的回答，还会使对方心里觉得好笑。

你跑到海鲜酒楼里，点菜时问服务员："今天的龙虾好不好？"这等于白说，因为他一定会说好，除非你是一个熟客。倘若你另用一种方法："今天有什么好的海鲜？"那么效果就会完全不同，你就可以吃到真正好吃的海鲜了。

美国有些冰果店因为一些客人喜欢在喝可可时放个鸡蛋，所以服务员在客人要可可时必问一句："要不要鸡蛋？"某心理学家应邀到一家冰果店里去研究如何发展营业时，关于问鸡蛋一事，他就说不应问"要不要加鸡蛋？"而是"要一个还是两个鸡蛋？"这样问法，多做一个鸡蛋的生意是绝对有把握的。

　　一般在沟通中运用的问话，最重要的是语气要温和，态度要谦恭。有些问话不可自己先存有成见，与其问"你很讨厌他吗"，或"你很喜欢他吗"，不如问"你对他的印象怎样"。但有些却不妨先装作有成见，比如对一个 40 岁的女人问"你今年总有 30 岁了吧？"比问"你今年芳龄几许？"要好得多。

　　问话的奥妙，千变万化，这须因人、因地、因事而灵活运用。

点到利害之处

　　说服别人就像"打蛇打七寸"一样，抓住对方切身利益的得失，会使他的心弦受到颤动，促使他深入思考，从而放弃自己消极的、错误的行动。

　　春风剧场门前有一位年近六旬的老太太摆着一个小摊，卖瓜子、花生之类的小食品。某日，市里要检查卫生，剧场管理员小王要老太婆回避一下，说："老太太，快把摊子挪走，今天这里不许卖东西。""往天许卖，今天又不许卖，世道又变了吗？""世道没有变，检查团要来了。""检查团来了就不许卖东西？检查团来了还许不许吃饭？""检查团来了，地皮不干净要罚款的。"小王加重了语气。"地皮不干净关我屁事，他肥肉吃多了拉稀屎，能去罚卖肉的款么？"小王无言以对，悻悻而退。

　　管理自行车的老刘师傅随后走了过来，说道："老嫂子，你这么一把年纪，没早没晚的，又能挣几个钱呢？检查团来了，真要罚你一笔，你还能打场官司不成？再说，检查团不会天天来，饭可是要天天吃，生意可是要天天做的。""嗯！姜还是老的辣。好，我走，我走。"老太婆边说边笑地把摊子挪走了。

　　管理员小王之所以劝阻不成反讨没趣，就因为他只是一味地讲抽象的大道理，却没有站在老太太的角度上耐心地帮助她分析利弊。而老刘师傅就懂得这一点，他从老太太的切身利益出发，向她指出了只考虑眼前的小利而不顾长远利益的不良后果，使她真正认识到了自己固执行为的不明智，于是心服口服地接受了规劝。

　　巴西球王贝利，在很小的时候就显示出了踢球的天赋，并且取得了不俗的成绩。

有一次，小贝利参加了一场激烈的足球比赛。赛后，伙伴们都精疲力竭，有几位小球员点上了香烟，说是能解除疲劳。小贝利见状，也要了一支。他得意地抽着烟，看着淡淡的烟雾从嘴里喷出来，觉得自己很潇洒、很前卫。不巧的是，这一幕被前来看望他的父亲撞见。

晚上，贝利的父亲坐在椅子上问她："你今天抽烟了？"

"抽了。"小贝利红着脸，低下了头，准备接受父亲的训斥。

但是，父亲并没有这样做。他从椅子上站起来，在屋子里来回地走了好半天，这才开口说话："孩子，你踢球有几分天赋，如果你勤学苦练，将来或许会有点儿出息。但是，你应该明白足球运动的前提是你具有良好的身体素质，可今天你抽烟了。也许你会说，我只是第一次，我只抽了一根，以后不再抽了。但你应该明白，有了第一次便会有第二次、第三次……每次你都会想：仅仅一根，不会有什么关系的。但天长日久，你会渐渐上瘾，你的身体就会不如从前，而你最喜欢的足球可能因此渐渐地离你远去。"

父亲顿了顿，接着说："作为父亲，我有责任教育你向好的方向努力，也有责任制止你的不良行为。但是，是向好的方向努力，还是向坏的方向滑去，主要还是取决于你自己。"

说到这里，父亲问贝利："你是愿意在烟雾中损坏身体，还是愿意做个有出息的足球运动员呢？你已经懂事了，自己做出选择吧！"

说着，父亲从口袋里掏出一沓钞票，递给贝利，并说道："如果不愿做个有出息的运动员，执意要抽烟的话，这些钱就作为你抽烟的费用吧！"说完，父亲走了出去。

小贝利望着父亲远去的背影，仔细回味着父亲那深沉而又恳切的话语，不由得掩面而泣，过了一会，他止住了哭，拿起钞票，来到父亲的面前："爸爸，我再也不抽烟了，我一定要做个有出息的运动员！"

从此，贝利训练更加刻苦。后来，他终于成为一代球王。至今，贝利仍旧不抽烟。

一个人最关心的往往是与自己有关的利益，因为人们毕竟生活在一个很现实的社会里，虽不能说"人为财死，鸟为食亡"，但人要生存，就离不开各种与己有关的利益。所以，当你想要劝说某人时，应当告诉他这样做对他有什么好处，不这样做则会带来什么样的不利后果，相信他不会不为所动。

站在他的角度说话

如果你想改变人们的看法，说服别人，而不伤害感情或引起憎恨，请遵循这一规则：试着真诚地从他人的角度看待事情。

试着去了解别人，从别人的观点来看待事情，就能赢得别人的信任，在说服别人的同时还能减少人际交往的摩擦，使你获得友谊。别人之所以那么想，一定存在着某种原因，查出那个隐藏的原因，就等于拥有了解答他的行为，也许是个性的钥匙。

卡耐基有一次租用某家饭店的大礼堂来讲课。有一天，他突然接到通知，租金要增加三倍。卡耐基去与经理交涉，他说："我接到通知，有点儿震惊，不过这不怪你。如果我是你，我也会那样做。因为你是饭店的经理，你的职责是尽可能使饭店获利。"

紧接着，卡耐基为他算了一笔账："将礼堂用于办舞会、晚会，当然会获大利。但你撵走了我，也等于撵走了成千上万有文化的中层管理人员，而他们光顾贵饭店,是你花五千元也买不到的活广告。那么哪样更有利呢?"经理被他说服了。

卡耐基之所以成功，在于当他说"如果我是你，我也会这样做"时，他已经完全站到了经理的角度。接着，他站在经理的角度上算了一笔账，抓住了经理的诉求：赢利。使经理心甘情愿地把天平砝码加到卡耐基这边。

在个人问题变得极为严重的时候，从别人的观点来看事情，也可以缓解紧张的情势。

澳大利亚南威尔士的伊丽莎白·诺瓦克过了六个星期还没有付出买汽车的分期付款。在一个星期五，负责她买车子分期付款账户的一名男子打来电话，不客气地告诉她说："如果在星期一早晨您还没有缴出 122 美元的话，我们公司会采取进一步行动。"周末伊丽莎白没有办法筹到钱，因此在星期一一大早接到那名男子的电话时，她听到的就没有什么好话了。但是，伊丽莎白并没有发脾气，而是以他的观点来看这件事情。伊丽莎白真诚地抱歉给他带来了很多的麻烦，而且说："由于这并不是我第一次过期未付款，我一定是令您最头痛的顾客。"

但他却举出好几个例子，说明好多顾客有时候极为不讲理，有的时候满口谎言，甚至是避面不见，逃脱债务。伊丽莎白一句话不说，让他吐出心里的不快，然后根本不需要她请求，他说就算她不能立刻付出所欠的款额也没有关系，如果她在月底先付给他 20 美元，然后在方便的时候再把剩下的欠款付给他，一切就没有问题了。

美国汽车大王福特说过一句话："假如有什么成功秘诀的话，就是设身处地替别人着想，了解别人的态度和观点。"因为这样不但能得到你与对方的沟通和谅解，而且能更清楚地了解对方的思想，就能使你的说服力大大提高。

绕个弯子说服人

与人说话时，慷慨激昂，锋芒外露，固然是一种本事，但柔声细语，婉言相劝，往往效果更佳。要想说服别人，必须学会"绕弯子"，正所谓"曲径通幽"，说的正是这个道理。

美国一位百科全书推销员，在上门推销一部儿童《百科辞典》时，碰上了一位非常固执的太太。她说什么也不愿掏钱为孩子买一部《百科辞典》。下面摘录的是推销员与这位太太的一小部分对话。

"先生，我的孩子对书根本不感兴趣，为他花那么多钱买一部《百科辞典》，这不是浪费吗？"太太说道。

推销员看这位太太如此固执，决定攻一攻这个难题，他环顾了一下太太家中的陈设，说道："太太，我敢担保，您的这幢房子至少已有 50 年以上的历史了，可它至今仍这样坚固，当初地基一定打得好。要想孩子长大有出息，就得从小打下良好的基础才行，而我们的《百科辞典》，正是为孩子们打基础用的。"

"我的孩子讨厌读书，请您不要逼我花冤枉钱吧！"

"我怎么会逼您呢？"推销员柔声说道，"夫人，热爱孩子难道不是母亲的天性吗？如果您的孩子得了感冒，或四肢发育不良，您会对他不闻不问吗？您一定早就带他去医院诊治了，就是花再多的钱，您也是愿意的，您说对吗？"

"这又有什么相干？"

推销员这时脸色严肃起来："怎么不相干呢？感冒和四肢有病，这是身体的病。一个人头脑也会得病，会得种种看不见的病。孩子的厌读症就是其中的一种。我们的《百科辞典》正是医治孩子厌读症的良药。您看，这儿的插图多漂亮，故事多有趣！为了医治您孩子的厌读症，您难道就不愿意花这一点钱？您就愿意让他变成一个头脑简单、没有出息的人？哪怕权当智力投资，您也该为孩子买一部儿童《百科辞典》呀。"

"我真服了你了，你真会绕！"这位太太露出了笑脸，问道："每月的分期付款是多少？"

推销员成功了。他在对方表示不愿购买后没有泄气，也没有直接说服。而是用了一个巧妙的比喻，把话题引开，最后又自然引到让对方买书上，水到渠成。

制造一点悬念

对于自以为是的人，要说服他，最忌正面交锋、针锋相对，这样不但不能达到预期的目的，反而会激怒被说服者，使其更加坚守自己的观点。

要说服这种人，应该先巧妙地制造悬念，通过卖关子来吊对方的胃口，使对方的情绪松弛下来，把他的好奇心诱发出来，在解释悬念的过程中，可用简单的事理或推论证明对方的错误性，从而让其改变观点。

某建筑公司的李工程师，有一次说服了一个刚愎自用的人——一个工头，他常常坚持反对一切改进的计划。李工想换装一个新式的指数表，但他想到那个工头必定要反对的。李工去找他，腋下挟着一个新式的指数表，手里拿着一些要征求他的意见的文件。

当大家讨论着关于这些文件的事情的时候，李工把那指数表在左腋下移动了好几次，工头终于先开口了："你拿着什么东西？"李工漠然地说："哦！

这个吗？这不过是一个指数表。"工头说："让我看一看。"李工说："哦！你不要看的！"并假装要走的样子，并说："这是给别的部门用的，你们部门用不到这东西。"但是，工头又说："我很想看一看。"当他审视的时候，李工就随便但又非常详尽地把这东西的效用讲给他听。他终于喊起来说："我们部门用不到这东西吗？糟糕，它正是我想要的东西呢！"李工故意这样做，果然很巧妙地把工头说动了。

在制造悬念时，你还可以让自己的言行，有多种可能的含义，然后，诱导对方的注意力在一种含义上固定下来，即为对方设下陷阱，使对方产生错觉，最后突然向另一种含义上转去，情境的对转，使对方突然产生期待的失落，从而产生了强烈的戏剧性效果。

从前，有个客人去拜访朋友。两人一直谈话，到了该吃饭的时候，主人也没有留客用餐的意思。

客人想，要是留我，我未必在这儿吃饭，既然不打算留我，我却偏要吃你一顿，而且要吃好的。他看见院子里主人家的鸡，就指着鸡说："鸡这种家禽有七德，你听说过吗？"

主人说："我只听过鸡有五德，一为文，其貌堂堂；二为武，脚爪坚利；三为勇，敢斗强敌；四为仁，保护同类；五为信，按时报晓。从没听说过七德呀，那两德是什么？"

客人说："你若舍得，我就吃得。加上这两德（得）不就是七德了吗？"

这个客人的全部聪明就集中在把自己想吃鸡的意愿，通过谐音制造圈套，让主人愉快地发现自己上当。

那么，怎样才能很好地运用制造悬念这一方法呢？有两点需要注意，一是悬念要具有新奇性；二是悬念和劝说的主题要具有关联性。紧紧把握住这两点，你便能巧妙地说服对方。

第九章

施与影响力才是掌控之道

能否掌控你周围的人，在于你本身拥有的影响力的大小，而影响力的本质在于施展你的人格魅力，使对方从心理上接纳你，并充分地调动对方的情绪，进而赢得对方的支持与合作。在人际交往中，我们唯有增强自信，增加自己的亲和力，获得对方的信任，并准确把握对方的思想、能力以及品行上的特点，才能充分发挥自己的影响力，游刃有余地掌控周围的人，成就自我。

巧妙运用尊重的策略

在交际中，成功的人往往使用不同的方法操纵不同的人。他们比较留意人们的特殊兴趣、需要和各种问题，或是人们的思想和能力以及品行上的特点。有人认为，判断一个人是聪明还是愚笨是很简单的事，然而绝不可把这一点当作是小事，因为这对人们在交往中的合作很重要，涉及对人是否尊重的问题。

尊重对方是获得好感的前提，这样，既可以获得对方的尊重，也增加了使对方信服的资本，可以说是一举两得。

给人以尊重的一个方法是关心别人的名字——它与每一个人的自尊心有密切关系且十分敏感。

钢铁大王卡内基小的时候，是一个穷织工的儿子，早在童年时期，他就懂得运用这个策略了。当时，他做的只是替别人喂养兔子这样卑微的工作。

他自己回忆道："我的第一次商业经验，便是请同伴们帮我做活，而我则拿同伴的名字为小兔子命名以作为报酬，许多同伴都很乐意以这种条件为我干活儿，他们争着每天为我采集蒲公英和苜蓿花。这真是从未有过的微薄报酬，但他们没有一个人不是很高兴地去工作。"

他又说："我永远牢牢地记住这个方法，把它当作我一生中事业成功的法宝。我使用这个法宝越多，收到的效果越大。"

后来，卡内基在销售钢轨的时候，也运用了同样的方法。他的最大的买主是宾夕法尼亚州铁路局，当他的新的大钢轨厂建成投产之时，为了与他的买主结好，他便以宾夕法尼亚州州长汤普林为名，把新厂命名为"汤普森钢铁公司"。结果，该厂出产的钢轨自然是销路大开。

给对方以尊重的另一个方法是请求对方给予帮助，无形之中已表示了推崇别人的意思，而使自己居于较低的地位，其结果便是"使别人感到自己很重要"。简单说起来，这个策略，就是维护别人的"自尊心"。在人类所有的意识中，最强的欲望就是维护自己的自尊心。许多人对于别人来乞取"小惠"常常是很高兴的，尤其是当对方所乞取的东西恰巧是他自己最得意的东西时。但对于这一点，有些人还没有注意到。从表面上看，这个策略是容易的，但人们却很少坚持去实行，从而得不到满意的效果。

有时候，提供一些较好的意见给别人，而这意见恰巧是别人自己的意见时，就能够获得别人的好感，因为这满足了别人心理上的需要。所以帮助别人维护"自尊心"就是使别人对你满意的一个秘诀。

每个人的个性固然各有不同，然而受尊重是人类普遍的需要，它差不多适用于一切正常的人。无论是对上级还是对下属，对不认识的人或是亲戚朋友，对满意我们的人或不满意我们的人，我们都应当留心每个人性情中唯一的不同点在哪里，每个人所特有的爱好和习惯是什么。但不论每个人的性情怎样，嗜好与习惯怎样，有一条成功的经验就是：人们在交往和合作中，不要忘记使用可以赢得他人好感的给人以自尊的策略。

打造你的亲和力

　　亲和力是一种难得的个人魅力，它能唤起人们的热爱之情，并使人们愿意与之交往。

　　林肯，这位美国历史上最伟大的总统，他的品行已成为后世的楷模，他是一位以亲切、宽容、仁慈著称的杰出领袖。

　　在林肯的故居里，挂着他的两张画像，一张有胡子，一张没有胡子。在画像旁边的墙上贴着一张纸，上面歪歪扭扭地写着：

亲爱的先生：

　　我是一个 11 岁的小女孩，非常希望您能当选美国总统，因此请您不要见怪我给您这样一位伟人写这封信。

　　如果您有一个和我一样的女儿，就请您代我向她问好。要是您不能给我回信，就请她给我写吧。我有四个哥哥，他们中有两人已决定投您的票。如果您能把胡子留起来，我就能让另外两个哥哥也选您。您的脸太瘦了，如果留起胡子就会更好看。所有女人都喜欢胡子，那时她们也会让她们的丈夫投您的票。这样，您一定会当选总统。

格雷西

1860 年 10 月 15 日

　　在收到小格雷西的信后，林肯立即回了一封信。

我亲爱的小妹妹：

　　收到你 15 日前的来信，非常高兴。我很难过，因为我没有女儿。我有三个儿子，一个 17 岁，一个 9 岁，一个 7 岁。我的家庭就是由他们和他们的妈妈组成的。关于胡子，我从来没有留过，如果我从现在起留胡子，你认为人们会不会觉得有点可笑？

忠实地祝愿你的

亚伯拉罕·林肯

次年 2 月，当选的林肯在前往白宫就职途中，特地在小女孩所在的小城韦斯特菲尔德车站停了下来。他对欢迎的人群说，"这里有我的一个小朋友，我的胡子就是为她留的。如果她在这儿，我要和她谈谈。她叫格雷西。"这时，小格雷西跑到林肯面前，林肯把她抱了起来，亲吻她的面颊。小格雷西高兴地抚摸他又浓又密的胡子。林肯笑着对她说："你看，我让它为你长出来了。"

亲和力让人萌发亲近的愿望，即使是陌生人也会因此而与你"一见如故"。人们总是喜爱与谦和、温良的人交往，而不会心甘情愿地将自己置于一个人的威严之下。

如何具有令人着迷的亲和力？这是芸芸众生所共求的一个目标。对此，千言万语，只有一个关键，那就是对别人要有发自内心的兴趣。

社会上有许许多多的人，明显缺乏的便是这种对人的兴趣。究其原因，大多是他们在应酬人际关系的人生舞台上既不具备天生的人格魅力，又不去努力。

我们应当建立起对别人真诚的兴趣，明白我们应该做什么，不能做什么，友好与人相处，就能发挥我们健全人格的威力，成为具有魅力的赢家。

对于你所欲左右的人，对于希望与你合作的人，你务必获得他们的敬爱。而获得他们的敬爱，全凭你人格的魅力。要知道，一个浑身上下透出亲和力的人，与一个整天板着脸的严肃的人相比，绝大多数的人都会选择前者作为自己的交往对象。

取得信任才能影响他人

要影响别人，必须要让别人对你有一种信任感。帮他人摆脱各种烦恼是获得信任的一种重要途径。

人们对于能理解自己欲求、不满和烦恼的人所给予的忠告，无疑会洗耳恭听。

有一位经理，选派一名部下去做一项工作。他选定这名部下的理由，是认为只有他才能够完成这项任务。

可是，这名部下拒绝了，并向他发牢骚："每一次碰到艰难的工作，都派我去，真倒霉！不好的事情，怎么老是落到我身上？"

其实，经理并不是故意找对方的麻烦。他对所有的部下都一视同仁。他选派这一名部下去做，当然有他的理由。如果说，他们两人之间谁有错的话，那么，错的不是他，而是他的部下，因为他不应该抗命。

可是，经理却不用这个道理去告诫对方，他晓得这么做会使对方更不高兴。

他想，对方可能不是真正为了这件事本身在生气。可能是为了太太或小孩的事情，也可能是为了别的事情心里不愉快，而这一件工作的指派，却成为对方发脾气的导火线也说不定。

对方心中的郁闷正在寻找缺口发泄，那么，就让它发泄好了。

于是，经理就设法让对方尽量说出心中的话。

经理："为什么你会这样想呢？"

部下："可不是吗？每一次碰到很难的工作，总是轮到我。如果是偶尔碰上几次，我也没话说，可是，每次都这样，我怎么吃得消？"

经理："你以为别的同事没有做过很难的工作，是不是？"

经理设法让他说下去。

部下："虽然他们也做过，不过，我被指派的次数最多。"

经理："我没有想到你会这么想。为什么？"

经理没有反驳对方的话，并且暗示对方可以尽量将心中的话全部说出来。

部下："其实，我也不想讲出来，不过，我认为经理太……虽然，在别的方面，经理是很公平的，不过，在这方面却不大公平。"发泄了心中郁闷之后，他的心情也渐渐平静下来。至少，他也承认，经理在别的方面处理得很公平。他逐渐变得理智些了，所以，经理认为现在可以告诉他真相了。

经理："你认为我总把不好的工作派给你做，所以你就生气，我很了解你的心情。不过，事实并不是这样。因为像这一类艰难的工作，不是每一个人都能够做得来的。你说是不是？如果硬要他们去做，将会造成严重的后果。可是你就不同了，从学识、经验各方面来说，如果不派你，那么，还有什么人好派？"

想想看，经过了这样的对话，下一次再指派他去从事艰难的工作，他还会好意思拒绝吗？

当对方心中有了苦恼而郁闷不悦时，应该尽量让他把苦恼和郁闷倾诉出来。

人们坦白道出心中的不满和烦恼，如果知道能被接纳的话，心中的迷惑便能一扫而空，信任之感油然而生。此时，你对别人就拥有影响力。

表达你的好感

认同别人，就是认同自己。表达你对别人的好感，就会赢得别人对你的好感。

在朋友圈中，李波是一个极有魅力的人，大家总会不知不觉地受他的影响。他走到哪里，哪里便会充满生机与活力。当你讲话时，他会全神贯注地倾听，让你感觉自你说话的那一刻起，你就比以前更加重要了。

人们都喜欢接近他，愿意与他在一起工作、学习和聊天。

一个阳光灿烂的秋日，小明和李波坐在办公室里闲谈。忽然看见陈平向他们走来。

"讨厌的人过来了，我可不想碰到他。"小明说着，想出去避开一下。

"为什么？"李波问。

小明解释说："我到这个单位以来和他关系一直不太好，我不喜欢他提出的一些问题，他也不满意我所做的事情。""除此之外，"小明又说道，"那家伙就是不喜欢我，跟我不喜欢他一样。"

李波看着陈平，"看上去他没有那样讨人厌烦啊，至少不像你说的那样，或许你想错了。"他说，"或许是你逃避他。你这样做，只因为你害怕。而他可能也觉得你不喜欢他，因此他对你也就不那么友善了。人们都喜欢那些喜欢自己的人，如果你对他表示好感，他就会以同样的方式对待你，去跟他说说话吧。"

于是，小明试着迎向前去，热情地问候陈平刚过去的周末怎么样，是否过得愉快。陈平听到小明的问候，表现出十分惊奇的样子，并马上以友善的态度回应了小明。而此刻李波正看着他们，咧着嘴在笑。

人与人的沟通有时候并没有想象中的那样难，如果你愿意表达自己的好感的话。

人都喜欢听一些表扬的话，让自己高兴的话，当然，这种表扬和高兴不是那种有目的的拍马之类的话语，不是那种有意美化别人的献媚，而是实实在在地表达你的赞美，表达你的真诚。

表达你的好感，是人际交往的润滑油，推动着人际关系向美好的方向发展。况且，这种表达不用投资，不需本钱，只要你发自内心的一个微笑，一个欣赏的眼神，一句轻轻的赞许，就行了。

又有人说：生活是一面镜子。你对别人表达好感，别人回报给你的也必是一片感激。

善待他人同时也是在善待自己。正像站在镜子前一样，你怒他也怒，你笑他也笑，一切取决于你的态度。朋友，不妨试试看，用感激去装扮你的人生，点缀你的生活吧。试试看，从今天开始，多些感激，勇敢向他人表达你的好感吧！

热情就是最大的影响力

热情和人类的关系，就好比是蒸汽机和火车头的关系，它是行动的主要推动力。

要是你没有能力，却有热情，你还是可以得到别人的帮助，假如你工作以后没有资金或设备，若你有热情，还是有人会回应你的梦想。

热情就是成功的源泉。你的意志力和追求成功的热情越强，成功的概率也就越大。

欧普拉·温芙瑞是美国热播节目每日脱口秀的主持人，家喻户晓。有一次一位叫芭芭拉的女记者问她："欧普拉，一个黑人小女孩在南方成长是怎么样的情况？饱受歧视的感受一定很糟吧？"

　　欧普拉当时只有一句话，让这位女记者大吃一惊，并感到困惑，而且她也赢得了芭芭拉对她的尊敬与钦佩。"芭芭拉，我在很小的时候就发现，优秀的人是不会受到歧视的。"哇！芭芭拉跳起来鼓掌。芭芭拉似乎非常惊讶，她不知道接下来该说什么。虽然早就准备了一连串随之而来的问题，但是欧普拉的回答让她无法继续。

　　芭芭拉相信欧普拉一定曾受过歧视，而且这种伤害在她的童年与她生命中的某些时刻都会伴随着她。不过，在与欧普拉接触之后，芭芭拉觉得这个问题已变得不那么重要，因为欧普拉已经完全为她个人、她的生活以及社会负起了责任。她在向人们表明：她拒绝谴责那些曾经伤害过她的人。同时她对别人的恶劣行为以明智而可爱的回应，所以任何强加给她的伤害，产生的只是她对生活、事业和人生的加倍热爱。

　　欧普拉最让芭芭拉印象深刻的特征，就是欧普拉的热情：欧普拉对生命的热情、欧普拉对工作的热情、欧普拉对别人的热情以及她对追求人生卓越的热情。那么，如何让自己充满热情呢？

　　(1)振奋起精神来，无论做任何事情，都努力把它做好。你是充满热情还是缺乏热情，你的一言一行就是最好的说明。当你握手时，主动抬起你的手，让它告诉对方："我很高兴认识你"，"很高兴再见到你"。一种胆小如鼠的握手方式比不握手更糟糕。它让人们认为：这家伙怎么没有一点生气。你很难找到一个伟大的人物是这样握手的。

　　(2)开怀大笑，用你的眼睛去笑。没有人喜欢那种造作的、皮笑肉不笑的表情，谁看了都不舒服。该笑的时候，要开怀大笑，也许你的牙齿不是很美，但那并不重要。因为当你笑时，人们注意到的不是你的牙齿，而一种热情的、充满活力的性格，一个他们喜爱的人。

　　(3)高声致谢。一句小声、顺口而出的"谢谢"，只不过是一种惯用的表达方式而已。你应该充满激情地高声致谢，使你说的"谢谢"意味着"太感谢您了"。

　　(4)讲话时声音要洪亮。詹姆斯博士是有名的"演讲艺术"权威。他在《如何有效地交流》一书中这样写道："当你说'早上好'时，你真的表达出了你的'好'字吗？当你给人祝贺时，你是充满热情地去祝贺吗？当你真心实意地向别人致谢、打招呼、祝贺时，应该引起对方的注意。"

人们都愿意和说话时充满热情的人交往，无论你是在和园林工人、有识之士，还是和小孩说话时，都必须注意：要热情洋溢。

学点"地形"心理学

在军事上，地形有着十分重要的意义。与人相处时，掌握"地形心理学"对如何影响别人同样十分重要。

美国心理学家穆勒尔和他的助手做过一次有趣的试验，证明许多人在自己的会客厅里谈话，比在别人的客厅里更能说服对方。这就表明，人们在自己熟悉的地方可以无拘无束与人交往，可以灵活主动地展现或推销自己，有利于社交的成功。

倘若在别人熟悉而自己不熟悉的地方交往，则容易引起莫名其妙的不安和恐惧，难以洒脱自如，自然处于劣势。这就是为什么在比较开放的今天，经人介绍的情侣初次见面时，绝大多数人仍愿意在自己的"领地"内进行，而不愿在对方"地盘"内进行的原因。

不过，值得说明的是，在自己的领地内，固然容易充分发挥自己的交往能力，但也时常伴有缺少约束的弊端，使自己的缺点外露。而在别人的地盘内进行，虽然受到的约束较多，然而却可用心专一，利于深层次、多方位地观察和了解对方。

因此，善于社交者，绝不局限于自己的领地，他们既可"请进来"，也可以"走出去"，是不会作茧自缚的。

最佳"地形"是有条件的、辩证的、可以变化的，在自己熟悉的地方交往，在一般情况下是有利的。但若对方是老人、长者、女士等，让他们也屈身就己，恐怕于情于理都说不过去。

反之，倘若听凭他们选择，自己前往他们的地盘，则更能体现对他们的照顾、体谅和尊重，这样做本身就极有利于社交的成功。

地点是与交往的目的密切联系的，二者相符方能收到最佳效果。高级宾馆、豪华客厅是招待高级宾客的好去处，而花前月下、幽静隐蔽之地是谈情说爱的理想场所，办公事在单位为宜，办私事则到家里办。因事而定，随事而变，才是明智的选择。

在与人相处时，双方的位置很重要，它直接或间接地决定你的影响力如何。具体说来，地形心理学有以下一些要点。

第一，对初次见面的对方，选择位于他旁边的位置，较能迅速建立亲近感。

初次见面，和人面对面地谈话，是一件不好受的事。因为两人之间的视线极易相遇，导致两人之间的紧张感增加。而坐在旁边的位置，则不必一直注意对方的视线，因而容易轻松下来。

另外，在室内放一盆花，使对方有转移视线的对象，效果会更好。

第二，相距 50 厘米能给对方留下好印象。

要使对方对你产生好感，就应与谈话者保持理想的距离。谈话的距离较近，能制造一种融洽的气氛，消除紧张情绪。最合适的距离就是一方伸出手可以够到另一方，即 50 厘米左右。

如果你想在社交中尽快打开局面，适应环境，那么，每次与人打招呼或谈话的时候，要注意尽可能地把距离拉近一些。

当然，拉近距离并不是亲密无间，特别是在与上级或女性打交道时，不能冒昧莽撞，不然会引起对方反感，以为你没有规矩或用心不正，反而弄巧成拙。

第三，黑暗有助于人们交往。

在光线暗的地方，人们比较容易亲近。心理学的实验也表明，黑暗是人们亲密起来的保护伞。

人们聚在黑暗中，因减少了戒备而增加了亲近感，便于双方沟通。同时，在黑暗中，对方难以看清自己的表情，也容易产生一种安全感。这样，彼此间的对立情绪就会大大少于光线明亮的场所。

当你想与他人建立一种亲密关系的时候，就应尽量请他们到酒吧、俱乐部、咖啡室等地方去。

第四，坐椅子时，浅坐的姿势会令人产生好感。

交谈时，如果对方深深地坐在沙发或椅子上，甚至上半身靠在椅子上，那么说明他根本没有专心听讲，缺乏诚意。相反，如果浅坐在椅子前端的三分之一处，就会使人产生好感。因为这种姿势可使上半身自然地向前倾，因而成为最佳的听话姿势。此外，像这种随时可由椅子上起立的姿势，还会给对方积极活泼的印象。

有损个人影响力的 20 种行为

要塑造保持对别人的影响力，我们在日常工作生活中应尽量避免以下 20 种有损个人影响力的行为：

(1) 外表邋遢，而且以此标榜个性或者自以为注重内在美。

(2) 不注意自己说话的语气，经常以冷淡、不悦或者对立的语气说话。

(3) 在应该保持沉默的时候偏偏爱说话。

(4) 在别人谈兴正浓时打断别人的话。

(5) 滥用人称代词，以至在每个句子中都有"我"这个字。

(6) 提问题的时候态度傲慢、不真诚，让他人觉得很不舒服。

(7) 他人的聚餐、活动不请自来。

(8) 在大家谈话、聊天的时候自吹自擂。

(9) 毫不留情地嘲笑社会上的保守穿着或者流行趋势。

(10) 不管自己知不知道，就任意对任何事情发表意见。

(11) 公然质问他人意见的可靠性。

(12) 以傲慢的态度拒绝他人的要求。

(13) 在别人的朋友面前说一些瞧不起他的话。

(14) 指责和自己意见不同的人，不留商讨余地。

(15) 评论别人没有能力。

(16) 请求别人帮忙被拒绝后心生抱怨，怀恨在心。

(17) 平时不与朋友联系，直到有需要时才去找他人帮忙。

(18) 当场表示不喜欢，而且言辞毫不婉转。

(19) 总想着不幸或痛苦的事情，仿佛自己是天下最可怜的人。

(20) 对并不熟悉的人表示过于亲密的行为或者谈论过于亲密的话题。

第十章

如何有效掌控
生活中的 9 种人

在生活中总要与人打交道，谁都不可避免地要遇到形形色色的人和事。我们在工作、生活中总会遇到一些不愿遇到的人和给自己带来麻烦的人，若想排除这些人对我们产生的不良影响，我们唯一能做的就是找到掌控那些性格各异的人的最佳方法。

制伏心高气傲的人

在人际交往中，有些人以自己的地位、学识、年龄等优势而盛气凌人，不可一世，或者极端地蔑视他人，或者大肆地攻击他人，有的甚至还肆意地侮辱他人。

初次与高傲者打交道，首先要有足够的思想准备。遭到冷遇不要灰心丧气。为此，就要经得起打击，善于以忍让、坚韧的精神，与之周旋，这样就为战胜对手奠定了思想基础。其次，要树立强烈的自信心和必胜信念，从心理上先战胜他，如果你一见傲者便心中打鼓，没了底气，那么，你已经在心理上打了败仗，是绝无取胜希望的。再次，要把目标定在交际的最后结果上，不要过分计较对方态度、语气、语言，一切都要以取得最终胜利为目的。

高傲者多看重自我形象，对自我评价较高，自我感觉良好。与他打交道不妨采取投其所好的方式，对其业绩、学识、才能等给以实事求是的赞美，使其荣誉感、自尊心得到满足。这样就可以从心理上缩短距离，同样能起到左右他们态度的作用。比如，有位生性高傲的处长，一般人很难接近他，他生硬冷漠的面孔常使人望而却步。有位外地来的办事员听说了他的脾气，一见面就微笑着递了一支烟说："处长，我一进门就有人告诉我，处长是个爽快人，办事认真，富有同情心，特别是对外地人格外关照。我一听，高兴极了。我就爱和这样的领导共事，痛快！"这几句开场白，把处长捧得心花怒放，接下去谈正事，果然大见成效。

一些人自恃知识丰富，阅历广泛，因而目空一切，压根儿就瞧不起别人，表现出一股不可一世的傲气。对付这种人只要巧妙地设置一个难题，就可抑制其傲气。达是因为，不管其知识多么广博，阅历多么丰富，在这个大千世界，一个人的认知毕竟是有限的，对方一旦发现自己也存在知识缺陷，其傲气自然就会烟消云散了。

在一次国际会议期间，一位西方外交官非常傲慢地对中国一位代表提出一个问题："阁下在西方逗留了一段时间，不知是否对西方有了一点开明的认识。"

我国代表淡然一笑回答道："我是在西方接受教育的，40年前在巴黎受过高等教育，我对西方的了解可能比你少不了多少。现在请问，你对东方了解多少？"

对我国代表的提问，那位外交官茫然不知所措，满脸窘态，其傲气自然荡然无存了。

显然，我国代表所提出的问题，那位自以为知识丰富而满身傲气的外交官是无法回答的，因为他不了解东方的情况，因此不但没有显示自己丰富的知识，反而暴露了自己的无知，因此，还有什么傲气可言呢？

无疑，巧设难题抑制高傲者，所设置的难题一定要是对方无法回答的问题，因为只有这样，才能暴露对方的无知或者缺陷，从而挫其傲气。如果设置的问题对方能够回答，这样不但不会挫其傲气，相反，你会助长其傲气而使自己处于更难堪的境地。此外，还要注意，设置难题一定要巧妙，不露痕迹。

毫无疑义，任何人都不可能是十全十美的，都难免有自己的弱点，而傲气者一般都未发现自己的弱点，一旦别人抓住其弱点予以攻击，也就瓦解了其傲气的资本。

1959 年，美国副总统尼克松赴苏联主持美国展览会。在尼克松赴苏之前不久，美国国会通过了一项关于被奴役国家的决议。苏联领导人赫鲁晓夫对此极为不满。因此，当尼克松与他会晤时，他极端傲慢无礼，表现出一种从未有过的傲气，十分气愤而又极端蔑视地对尼克松说："我很不了解你们国会在这么一次重要的国事访问前夕，通过这种决议。这使我想起了俄国农民的一句谚语：'不要在茅房吃饭。'你们这个决议臭得像刚拉下来的马粪，没有比这马粪更臭的东西了。"对这些傲慢无礼的言辞，尼克松毫不客气地回敬道："我想主席先生大概错了，比马粪还臭的东西是有的，那就是猪粪！"赫鲁晓夫听后，傲气大挫，不由得脸上泛起了一阵羞涩的红晕。原来他年轻时当过猪倌，毫无疑义闻过猪粪的气味，因此机智的尼克松立刻抓住赫鲁晓夫这一痛处，使赫鲁晓夫自讨了没趣，自然傲气也就烟消云散了。

运用这种方法时一定要抓准傲气者的弱点或者痛处，只有这样，才能动摇其傲气的根基而反思自己的行为，从而收敛自己的傲气。

一些高傲的人，别人越理睬他，他的傲气就越大。因而对这种傲气者采取不予理睬的态度，使其孤立，这样就可削弱甚至消灭其傲气。

我们采取上述方法对付傲气者，其目的是改变影响人脉资源的不正常因素，促使其与他人正常地交往，因此在运用这些方法时，一定要抱着与人为善的态度，切不可嘲讽、讥笑，甚至侮辱他人的人格，否则就与我们的目的背道而驰了。

看透虚荣者

好虚荣的人总是追求片刻的荣耀，高傲自大、摆架子，将"自我"提高起来。那么，只要我们顾全他那可怜的虚荣心，即使他最后失败，他也不会认为这是件多么了不起的事。这种爱慕虚荣的观念一旦在他的脑海里根深蒂固，他那种渴求人家颂扬的心理简直是迫不及待；只要有人对他颂扬与谄媚，对他来讲简直是不能抵抗的。

这种人因过分地注重、贪恋虚荣，养成了一种十分幼稚的习惯。内心既然看重虚荣，外部就难免夸夸其谈，其结果必定很糟。因为他在夸耀自己的同时，必然表露出他的种种不足和弱点。

有些时候，认为自己有些不如人的地方，本来可以很巧妙地隐藏起来，并逐步改正。但是如果既无真才实学，又贪图虚荣，那么，这种人不论处在何种岗位，终归是个无用之徒。

有一位寻找职业的店员，来到赫金斯公司办事处经理斯希维勃面前求职。这个店员经常变换职业，可是，他总有一大堆的理由去维护自己，为自己辩解。

斯希维勃知道这位青年的情况，在他的办公室以冷酷不客气的态度接待了他。斯希维勃问道："既然你来求职，那么你能干什么？你想对赫金斯公司做些什么呢？"这位求职者被问住了，回答得软弱无力。于是谈话即刻终止。

像这位青年一样，有些人虽能说出维护自己的话，有时候也会引起别人的赞许，然而，他们一遇到真正的困难，马上就不堪一击了。

有的时候，这种人也常常获得别人的信任，因为他们讲起话来，往往耸人听闻，给别人以较深刻的印象，安闲无事的时候颇能博取别人的敬仰和颂扬，尤其是不熟悉他们的人最容易受其蛊惑。不过，这类人是经不住长期的实际检验的。

汽车制造商高桑斯曾告诉人们一个惨痛的教训，他说："我平生最大的一次失败是碰到一个年长的人，这位年长者善于辞令，巧舌如簧。我不知怎么搞的，一下子把我历来的主张全忘掉了，竟请他做我的雇员和二等助手。可是，一段时间以后我发现这个人一点能力都没有。原来他那流利的口才，全是为求职而练就的，而真的委他以重任，他却无计可施。"

所以，我们无论对任何人，应将他各方面的表现综合起来，一一加以品评、判断，以明了他的真实情况。这样做很有益处。一方面可以避免失望，另一方面也省得他人的不良动机得逞，妨碍我们的事业。

大凡虚荣的人，一般都有一颗细腻的心。因此，他们需要补偿，对待这类人，绝不能简单粗暴，要给他表现自己真实才华的机会，要赞颂他、鼓励他、肯定他。

如何与虚荣的人相处并征服他呢？那就是相信他，对他表示信赖，并在适当的场合给他一点取胜的机会，让他把自己的自信心建立起来，并养成一个好的习惯，以代替那种为满足自己虚荣心而表现出来的盛气凌人的傲慢态度。

宽容对待贪小便宜的人

这世上贪小便宜、自私自利的人为数不少，无论你走到哪儿，总会遇到几个。这种人心中只有自己，凡事都将自己的利益摆在前头，要他做些于己无利的事，他是断不会考虑的。

如果有这么一个人，他经常手不离电子计算器，这说明他始终在计算着自己的利益。正因为他最看重数字，他所坚持的，一定是自己的利益；至于其他事情，他不会在意如何做好它，只考虑怎样做才最省事。这种悭吝之徒谁都不会对他产生好感。

现实社会中，不管是谁，都喜欢和那些豪爽热情、开朗大方的人往来，而不太愿意同贪小便宜的人打交道。但是，当我们不得不与其接触、交涉时，只有暂时按捺住自己的厌恶之情，姑且顺水推舟、投其所好。当他发现自己所强调的利益被肯定了，自然就会表示满意。

一些人贪小便宜的毛病是受社会环境（尤其家庭环境）的影响，而形成的一种生活习惯。这种人往往缺乏远大的理想，胸无点墨，生活作风随便，得过且过，不求上进。这种人，一般心地不坏，而且性格外向，毫无隐讳，容易深入了解。同这种贪小便宜者打交道，要注意正面批评，引导他们在学习上和工作上下功夫，以提高其思想层次。思想层次提高了，自尊的要求就会随之增长，贪小便宜的毛病便会相应地得到克服。对这类人贪小便宜的毛病，切不可姑息，对他们的姑息，只会加重这种不良生活习惯。另外，也不可对他们进行讽刺挖苦，因为讽刺挖苦会影响其自尊而产生负面效果。

还有一种贪小便宜的人，他们的行为是受一定意识形态支配的，其贪小便宜的行为反映着其生活观念。这种人，往往具有比较特殊的生活阅历，在生活中受过磨难，人生观常常表现为以"自我"为中心。

同这类贪小便宜者打交道，采取一般的说教方法，是无法解决其观念形态的问题的，应真诚地与之相处，用自己的博大胸怀去感化。在工作、学习、生活中，我们应真诚地、无微不至地去帮助他们，使他们在自己的行动中得到感化。比如，外出时，热情地拉着他，坐车、吃饭、看电影、逛公园、争着花钱，而对他从不表现出一点儿不满和鄙视。平时，我讲一些他所钦佩的人的宽宏大度，不计个人得失的事例，使他逐渐意识到自己的不足。

冰冻三尺，非一日之寒，贪小便宜不管源于哪一种心理状态，要他们一下改掉并不现实，只能潜移默化，而且允许出现反复。如果一个人去感化犹嫌力量不足，可动员几个要好的朋友来共同感化他们。当贪小便宜者真正理解你的真诚以后，他是会永远感激你的，由此所建立起来的友谊，也一定是纯洁的、牢固的。

从另一个角度说，贪小便宜、自私自利的人也常常有他们的特点——精打细算。如果我们能够通过适当的方式，将他们这种特点加以升华，运用到某些比较合适的地方，也可以发挥其优势。例如，让这种贪小便宜的人干财务类工作，在有严格约束的情况下，他们往往会成为你的"守财奴"。这样，岂不是一件好事？

别与难缠的人打交道

在和难缠的人打交道的时候，影响最大的是情绪。在这种情况下，千万要保持镇定，互相攻击报复是不会使情况改善的，它只会使我们的血脉膨胀，整个身体的新陈代谢受到影响，激起体内不正常的神经的化学反应，且要经过很长的一段时间才能够恢复平静。

在洛克菲勒的逸事中，曾有一位不速之客突然闯入他的办公室，直奔他的写字台，并以拳头猛击台面，大发雷霆："洛克菲勒，我恨你！我有绝对的理由恨你！"接着那暴客恣意谩骂他达 10 分钟之久。办公室所有职员都感到无比气愤，以为洛克菲勒一定会拾起墨水瓶向他掷去，或是吩咐保安员将他赶出去。然而，出乎意料的是，洛克菲勒并没有这样做。他停下手中的活，和善地注视着这一位攻击者，那人越暴躁，他便显得越和善！

那无理之徒被弄得莫名其妙，他渐渐地平静下来。因为当一个人发怒时，遭不到反击，他是坚持不了多久的。于是，他咽了一口气。他是做好了准备来此与洛克菲勒作斗争的，并想好了洛克菲勒将要怎样回击他，他再用想好的话语去反驳。但是，洛克菲勒就是不开口，所以他不知如何是好了。

末了，他又在洛克菲勒的桌子上敲了几下，仍然得不到回应，只得悻悻地离去。洛克菲勒呢？就像根本没发生任何事一样，重新拿起笔，继续他的工作。

不理睬他人对自己的无礼攻击，便是给他人的最严厉的迎头痛击！成功者每战必胜的原因，就是当对手急不可耐时，他们依然故我，显得相当冷静与沉着。

当然，如果你真的不幸遇上了非常讨厌的家伙，在涉及原则性的问题上，建议你还是向下文中的林肯总统学习。

有一次，林肯的办公室突然闯进一位来求职的人，这人连日来访已有几个星期了。他来后照样提出了老问题，要求总统给他一个职位。林肯总统说："亲爱的朋友，这是没有用的。我已经说过了，我不能给你那个职位。我想你还不如立刻回去的好。"

那人听了以后恼羞成怒，很不客气地大声说："那么，总统先生，我知道你是不肯帮我忙的……"众所皆知，林肯总统的良好修养与忍耐力是出名的，但此时他真的无法再忍受了。他对那人注视良久，然后从容地从椅子上站起来，走到那人的身边，一把揪住他的衣领，拉到门外，然后重重地将门关上。

那人又推开门，大声吼道："把证书还给我！"林肯从桌子上拿了他的文件，走到门口，猛地一掷，再次把门关上，回到原位。对此事的处理，总统在当时以及事后始终没有说一句话。

作为一个极为谦和的一国之首，林肯在必要的时候终于生气了。因为此人确实是个无赖，根本不值得林肯运用其他的策略。但凡领袖人物，无一不精通全盘战略。明枪暗箭、冷嘲热讽，甚至在一定的状态下动武，无所不能。他们知道在必要的时候应该有自卫的举动，必须挺身而出！我们每个人也一样，不仅要行使我们自己的权利，更要维护自己的尊严。

谨慎对待深藏不露的人

我们周围存在许多深藏不露的人，他们不肯轻易让人了解其心思，或让人知道他们在想些什么。有时甚至说话不着边际，一谈到正题就"顾左右而言他"，自我防范心理极强。

有的人际交往，其目的是了解彼此情况，以利于相互的合作或问题的解决。因此，彼此都会挖空心思去"刺探"对方的情报，以期使对方露出他的"庐山真面目"来。

人们多半不愿将自己的弱点暴露出来，即使在你要求他做出答案或提出判断时，他也故意装傻，或者故意闪烁其词，使你有一种"莫测高深"的感觉。其实这只是对方伪装自己的手段罢了。

深藏不露的人可能是一位工于心计的人，这种人为了在与别人打交道时获得主动，或者出于某种目的不愿让别人了解自己，而把自己保护起来。这种人还总希望更多地了解对方，从而在各种矛盾关系中周旋，使自己处于不败之地。

对这种人，你应该有所防范，警惕不要为其所利用，成为他的工具，不要让他得知你的底细。

他也可能是一位曾经经受过挫折、打击和伤害的人。过去的经历使这种人对社会、对他人有一种强烈的敌视态度，从而对自己采取更多的保护。

对这种人，则应该坦诚相见，以诚感人。这种人并不是为了害人，而是为了防人。你对他不应有什么防范，为了真正达到沟通的目的，甚至可以对他敞开你的心扉。

还有一种情况是，他可能对某些事情缺乏了解，拿不出更有价值的意见。在这种情况下，为了掩饰自己的无知，以未置可否的方式或含糊其辞的语气与人交往，装出一种城府很深的样子。

对这种人则不要有什么太高的期望，也不必要求他提供某种看法或判断。

总之，对某些城府较深的人，如果你不得不与之打交道，则应该真正加以区分，看其属于哪一类人，然后确定自己的行为方式。

冷静迁就脾气急躁的人

　　性情急躁的人，容易兴奋，容易发怒，自我控制力差，动不动就发火，但这种人往往比较直率，不会搞什么阴谋诡计，而且他们重感情，重义气。如果对他们以诚相待，他们便会视你为朋友。

　　那么，应如何对待性情急躁者的冲动与粗暴呢？

　　第一，宽宏大量，一笑了之。

　　和性情急躁的人相处，可以采取宽容态度。当他对你发火时，可以置之不理或一笑了之，不要在气头上与他争吵。

　　歌德有一次在公园散步，迎面碰到一个曾对他作品提出尖锐批评的批评家。那位批评家性情急躁，他对歌德说："我从来不给傻子让路！"

　　"而我相反！"歌德幽默地说，并还以微笑。

　　于是一场无谓的争吵避免了。

　　一句幽默的话语，一个微笑，也许是与性情暴躁的人相处的一个很好武器，同时赞扬也可以助你一臂之力。这种人一般比较喜欢听奉承话，听好话。因此，我们要不失时机，恰如其分地赞扬他。与之交往，宜多采用正面的方式，而谨慎运用反面的，批评的方式。

　　遇上性情急躁的人向你冒犯时，你一定得保持头脑冷静，置之不理，或者瞪他一眼，或者一笑了之。这种"一笑了之"的笑，可以是泰然处之的微笑，可以是表示藐视的冷笑，也可以是略带讽刺的嘲笑……最好的是泰然处之的微笑，它不仅可以使自己摆脱尴尬的局面，而且还可以让对方知难而退，避免事态恶化。

　　第二，暂时忍让，避开锋芒。

　　当性情急躁者向你冒犯时，如果你自己也是个急躁的人，急躁碰上急躁，针尖对麦芒，则很容易产生争端。你应当压住心头的怒火，暂时忍让，避开锋芒。待对方锋芒锐减时，再充分地说服对方，也可讲事实摆道理消除双方的误会。

　　第三，开阔胸怀，宽宏大度。

　　只要你有宽阔的胸怀，你就会对别人的态度不加计较。他吵，你不吵；

他凶，你不凶；甚至他骂，你不骂。这样就吵不起来了。"宰相肚里能撑船"，你只要有温和的态度，有宽广的胸怀，有宽宏的"海量"，就会使本来发火的对方，火气消减，自感没趣，收敛更弦。

第四，察言观色，防患未然。

性情急躁的人，当他着火时，最容易对周围的人"发泄"。这时你就迁就一下。如果你与他计短长，就会成为他的"出气筒"。所以，你一定得察言观色，揣摩对方心理状态，先退一步，然后待他情绪稳定下来时，再向他说明一切。

气头上的人需要有一个人帮助他恢复平静，对于脾气急躁的人，你就可以扮演这样的角色。事实上，因为你有能力化解紧张的气氛，从而有利于发怒者冷静后，对不冷静态度的反思，使你们之间的关系得以改进和发展。

宽厚平和地对待尖酸刻薄的人

尖酸刻薄的人和别人争执时往往挖人隐私不留余地，冷嘲热讽无所不用，直至对方自尊心受损、颜面丢尽才肯罢休，所以一般不受周围的人欢迎。

尖酸刻薄的人也爱以取笑、挖苦周围的人为乐事。他们往往依靠伶牙俐齿得理不饶人。他们的性格悲剧在于损人却不利己，所以，在一个单位或集体中，他们是很少有人愿意与之交往的一族。

凡与刻薄的人交往，唯一方法就是以宽厚来对待他，一笑了之。但并不是无原则的，原则是你的宽厚要能使对方有所改变，对其有所影响。与尖酸刻薄的人交往，一般有以下几方面技巧：

1．用微笑化解"刻薄"

应对尖酸刻薄者的法宝就是不必当真，最好是一笑了之。比如，有人嘲笑一位老农民说："你这件褂子好像是在旧货市场买来的。"这位农民很快笑着说："你的眼光可真准，我是走了好几家旧货市场才挑了这么一件上等货。"把机智派上用场，持开玩笑的态度，的确是应对刻薄者的有效方式。同时，还应尽量和他保持距离，不要惹他。万一吃亏，听到一两句刺激的话或闲言碎语，就装作没有听见，千万不能动怒。否则是自讨没趣，惹祸上身。

2.勇敢面对

尖酸刻薄的人，天生一副伶牙俐齿，得理不饶人。能够勇敢地对抗别人的嘲讽而又不反唇相讥，实在不是一件容易的事。一个有效的办法是不要回避，而采取直截了当的反问；另一个办法，是要求对方解释他的话，一旦嘲弄你的人知道你看穿了他，也就自觉无趣，不会再骚扰你了。

3.宽恕之心

当你听到尖酸刻薄的话时，虽然你知道那话是冲着你来的，但如果你这样想，那句话实质上与你无关，你也就自然平心静气地对待了。记住，有一颗宽恕之心是极其重要的生存之道。

4.脸皮不妨厚点

谁都无法也不可能避免尖酸刻薄的话的侵犯，就是最好的朋友，有时也会因各种原因说一些伤人的话，不管是无意的还是有意的。在这种情况下，你最好学得脸皮厚一点，既然人人都有这种缺点，你又何必为之耿耿于怀呢？

第十一章

和成功者在一起

大凡成功者的身前背后，总有一些给予他切实帮助的人，或给他一把助力，或给他一个依靠。在这个人与人的关系如此密切的时代，没有人能单枪匹马轻易成功。幸运之神总是垂青那些善于与成功者在一起，并借用成功者力量的人们。

找个贵人扶一把

俗话说："七分努力，三分机运。"我们一直相信"爱拼才会赢"，但偏偏有些人付出的努力和最终的结局不成正比。究其原因，是缺少贵人相助所致。在向事业高峰攀登的过程中，贵人相助绝对是不可缺少的一个环节。有贵人相助，可以使你尽快地取得成功，甚至可以使你飞黄腾达、扶摇直上。

不论从事何种行业，"老马带路"向来是一种传统。目的不外乎是想奖掖后进、储备人才。这些例子在各行各界无处不在。

有些知名度较高的人之所以成名，与贵人的倾力相助是分不开的。是贵人使他们得到机会，是贵人使他们快速成长。善于接受贵人的帮助，是名人们把握机遇的关键，也是他们最终成名的要素之一。

这其中的道理是容易理解的。每个人的身上，都有着走向成功的条件，而如何使这些条件发挥出来，却由你身边无数的贵人所控制。你接受了贵人的帮助，就好比一粒种子投入到一块适合自己生长的土壤，充分得到土壤的滋养。从这个意义上讲，你的命运操纵在贵人的手中。

传说在清朝乾隆年间，江南一带有个名叫张全福的人。他为了生计，开办了一家酒店。由于酒店规模很小，缺乏一定的知名度，致使他的生意日益冷清。他为了改变自家酒店的面貌，苦思良策，却一直没有奏效。

正当他一筹莫展之时，一个天降良机来临了。乾隆皇帝为了体恤民情，来到江南一带。他边走边看，不经意间走到了张全福这家小酒店门口，他轻轻地叩击店门。门开了，张全福走了出来。当他看到乾隆时，不由得惊呆了。他心想：此人相貌堂堂，一定是位贵人，今日来到我的小店，此乃我的荣幸。于是赶忙走上前去，向乾隆行了个大礼。

乾隆坐下来，随便点了几个小菜。一边喝酒一边同张全福闲聊。两人聊得很投机。说话间，张全福就把自己店内生意不好的情况向乾隆一一诉说。乾隆看见店内冷冷清清、灰尘满地的狼藉景象，又看到张全福老实敦厚的样子，不觉动了恻隐之心，他心平气和地对张全福说道："看你是个老实人，我倒想帮你一把，却不知如何相帮？"张全福思考了一会儿，说道："承蒙客官厚礼，请您帮我亲笔题写一副对联，好吧？"

乾隆帝听后，满口应允，立即提笔写下了这样几句诗：

"江南水秀景宜人，民风富庶享太平。

小小酒店风味浓，丰肴佳馔怡人心。

若问赐墨何许人？紫禁城里寻真龙。"

张全福读了这几句诗后，顿时醒悟，高兴得手舞足蹈，大声喊道："啊！原来您就是当今的万岁爷，草民今天可遇到大贵人了。"他赶忙双膝跪地，谢主隆恩。

乾隆这几句"墨宝"，真给张全福这家小小的酒店带来了很大声誉。当此事传开之后，人们纷纷慕名前来，顾客络绎不绝，生意日益兴隆。

所以，当你处于困境或处于停滞不前的状态时，要抓住生活中的任何一个细微机遇，找到贵人扶你一把。

借助成功者抬高你的身价

　　《红楼梦》中的薛宝钗填过一首《柳絮词》，其中有一句是"好风凭借力，送我上青云"。我们从中也可得到一个启示：一个人在事业上要想获得成功，除了靠自己的努力奋斗之外，有时也需要借助他人的力量，才能平步青云或扶摇直上。当我们处于"不名一文"的普通状态时，懂得借助成功的力量是一个很有效且高明的处世策略。

　　战国时，安邑的御史死了，他的副手想得到这个职位，又唯恐不能升任。输地（安邑的地名）有个人便去替他周旋，这个人对安邑令说："我们听说公孙綦托人向魏王请求御史的职位，可是魏王说，那里不是有个副手吗？我难以改变他们的规定。"安邑令立即让副职升任御史。

　　苏代替燕国游说齐国，在没见齐威王之前，先对淳于髡说道："有个卖骏马的人，接连三天早晨站在市场上，而无人问津。他就去见伯乐说：'我有匹骏马想卖掉它，接连三天早晨站在市场上，没有哪个跟我说一句话，希望先生能绕着马细看一下，离开时回头再瞅一眼，请允许我献给您一天的费用。'伯乐答应了，于是第二天伯乐绕着马仔细看，离开时又回头瞅了一眼，结果这一天马价竟涨了十倍。现在我想把'骏马'送给齐王看，可是没有替我前后周旋的人，先生有意做我的伯乐吗？请让我献上两千四百金，用这些作为荐举的酬金。"淳于髡愉快地答应了苏代的请求，入宫劝说齐王，齐王非常高兴地接见了苏代。

　　我们再看一个借用成功者的名号而使自己身价倍增的故事，以更深刻体味借用成功者影响的力量。

　　清政府的官场中历来靠后台。无论什么人，只要有一封高官的推荐信，就可以如愿以偿地拜官做事了。军机大臣左宗棠的知己有个儿子，名叫黄兰阶，在福建候补知县多年也没有候到实缺。他见别人都有大官写推荐信，想到父亲生前与左宗棠很要好，就跑到北京寻求左宗棠的帮助，可是左宗棠却从来不给人写推荐信，他说："一个人只要有本事，自会有人用他。"一句话就将黄兰阶打发走了。黄兰阶没有得到帮助，又气又恨，离开左相府，就闲踱到琉璃厂看书画散心。忽然，他见到一个小店老板学写左宗棠字体，十分逼真，心中一动，想出一条妙计。他让店主写柄扇子，落了款，得意扬扬地摇回福州。

这天，是参见总督的日子，黄兰阶手摇纸扇，径直走到总督堂上，总督见了很奇怪，问："外面很热吗？都立秋了，老兄还拿扇子摇个不停。"

黄兰阶把扇子一晃："不瞒大帅说，外边天气并不太热，只是这柄扇，是我此次进京左宗棠大人亲送的，所以舍不得放手。"

总督吃了一惊，心想：我以为这姓黄的没有后台，所以候补几年也没任命他实缺，不想他却有这么大的后台。左宗棠天天跟皇上见面，他若恨我，只要在皇上面前说个一句半句，我可就吃不住了，总督要过黄兰阶扇子仔细察看，确系左宗棠笔迹，一点不差。他将扇子还与黄兰阶，闷闷不乐地回到后堂，找到师爷商议此事，第二天就给黄兰阶挂牌任了知县。

黄兰阶不几年就升到了四品道台。总督一次进京，见了左宗棠，讨好地说："宗棠大人故友之子黄兰阶，如今在敝省当了道台了。"

左宗棠笑道："是嘛！那次他来找我，我就对他说：'只要有本事，自有识货人。'老兄就很识人才嘛！"

在当今社会里，这种靠贵人之力而使自己的事业步步高升的办法仍然值得我们借鉴。贵人的引荐和提拔往往就是强有力的敲门砖，能够为自己赢得更多的机会和广阔的舞台，充分地释放自己的才华，做到"怀才有遇"，从而为自己进一步实现人生价值奠定基础。

抓住关键人物

你要想成功，必须得有人帮你，必须得有人支持你，必须得有人为你摇旗呐喊，必须得有人推举你，甚至还得有人替你去争取、奋斗，在各个方面与你密切配合。要想在生活中有所建树，最好的方法，就是运用你个人的能力去影响和控制某些能够帮助你获得人生成功的关键人物。你必须找出来哪个人最能帮助你达到你的人生目的。

"有不少年轻的执行人员和管理人员，他们错误地认为他们的成功全是靠自己个人的努力取得的。"查伦·万斯女士说，她是以她自己的名字命名的管理咨询公司的主席兼首席执行官，"他们的想法是大错而特错的。他们迟早会明白他们要想在生意场中取得成功，必须得有人帮助他们，他们明白得越早，取得成功的时间就会越早。"

确实如此，你越早找到谁是能够真正帮助你获得成功的关键人物，你就会越早在取得成功的道路上向前迈出可喜的一步。

如果找到了谁是你生活道路上最能帮助你的关键人物。你将获益匪浅。因为这既节省了你的时间，又节省了你的精力，你还将从此踏上成功之路。

汉高祖刘邦共有8个皇子，生母不一，为了争夺太子之位，他们展开了子与子、母与母之间的斗争。刘邦想立戚夫人之子如意为太子，可吕后想立自己的儿子刘盈为太子，吕后找张良帮忙，张良献上一计："皇上一直想聘请商山四贤出山，但他们始终不肯，若将他们奉为上宾，太子常请此四人赴宴，必定被皇上看见而问其原因。"果然不出张良所料，高祖认为刘盈为人恭敬仁孝，天下名人慕名而来，终于立刘盈为太子。刘盈的成功完全凭借四大贤人的盛名，借助他们的名誉与声望登上了皇帝的宝座。

许多人都记得，1998年3月19日，在"两会"期间的记者招待会上，朱镕基总理点到了吴小莉的名字："你们照顾一下凤凰卫视台的吴小莉小姐好不好，我非常喜欢她的节目。"这个"两会"期间的逸事，使吴小莉顿时成为传媒界引人注目的明星，也是她的提问，使朱总理留下了激昂的宣言："不管前面是地雷阵还是万丈深渊，我都会勇往直前、义无反顾、鞠躬尽瘁、死而后已！"随着吴小莉知名度的提高，吴小莉主持的节目《小莉看时事》也成为凤凰卫视台的名牌节目。内地的传媒朋友对小莉说："在中国电视圈里，只有文艺类主持人容易成名，很少新闻类主持人成为明星，你算是特例。"中央电视台的一位朋友也笑说："小莉，你不知道你对中国内地电视新闻从业人员的冲击有多大，许多人剪短了头发。"

1998年年底，吴小莉和其他传媒界朋友一起采访领袖双边会。在吉隆坡她又一次成为传媒的宠儿，因为江泽民主席也点了吴小莉的名。11月15日，当江主席步入会场，听说有香港媒体时，一眼就看见了她，笑说："吴小莉，吴小莉，现在成了有名人物了。"吴小莉激动地说："谢谢主席！"

的确，一个有声望的人即使是给了你平淡的一个"字"，也要比1000

个普通人长篇大论地给予赞辞更有威力，这样的人就是决定你成功人生的关键人物。你要在成功的路上启程，记得想方设法抓住他们。

找个名人做朋友

能帮助你的成功者在哪里？许多人茫然不知，更不知道其实身边耳闻目见的名人明星也可以是自己的贵人。如果能跟一位名人攀上关系，就可以有效提升自己的资源力度。不要觉得名人离自己很遥远，其实你可以随时借用他们的力量。

你可以巧借名人之名，在谈话中常出现一些身份高的人的名字，你在别人眼里就不同寻常；巧借名言，如请社会名流为你题个词，请专家教授为你写的书作个序，请明星为你签个名，等等。这些做法虽然有沽名钓誉之嫌，其实这是东方人"不为天下先"的眼光，不算很公道。被社会承认，是人的正当追求，对社会进步也有积极意义，而借助名人提高自己的社会知名度，就是被社会所承认的方式之一。

1989 年夏，正当健力宝公司的事业发展如日中天时，世界体操王子李宁解甲退役，加盟健力宝公司，这一消息引起了社会的巨大震动。

健力宝公司的总经理李经纬与体操王子李宁，一个是优秀企业家，一个是世界体育明星，早就有了交往。在李宁告别体坛之前，作为他的好朋友李经纬和他曾做过一次深谈，得知了李宁退役后的最大心愿是办体操学校，培育体操人才。而办学要钱，必须要靠实业才能实现这个理想。这使李经纬想起外国一个著名足球运动员退役后开办运动鞋厂的故事，李宁不也可以这样做吗？同时他深知，如果李宁的名字与健力宝联系在一起，会给健力宝公司带来不可估量的精神效应和物质效应。

李经纬由此萌发了邀请李宁加盟健力宝公司，创办李宁运动服装厂的念头。李宁也愉快地接受了健力宝的邀请，担任总经理特别助理，筹建李宁牌运动服装厂。随着亚运会的召开，李宁运动服也一炮打响。

1990 年北京亚运会，健力宝公司在全国各企业中捐款名列第一。1992年，中国体育代表团出征巴塞罗那奥运会，健力宝公司是唯一的国内赞助单位。这一切都少不了李宁的作用。

健力宝公司看准了李宁身上所蕴含的巨大的商业价值，在他实业办学的同时宣传了自己的产品和企业，借李宁的影响树立了自己的形象，为自己的产品找到了靠山。

找个名人做朋友，借名人的光都会好办事。能够选名人做搭档，无疑是建立起了一道令人羡慕的成功关系。这样，做事往往会一帆风顺，自然，做人也会有一种成就感。

一般人对权威和名望有一种崇拜感和信任感，与那些有权力的人，或一些知名度较高的人做朋友，你在处世中将无往不利。因为这些权威人物都有一定的威慑力量，他们的判断能力、鉴别能力是被社会公认的。他们同意的事情一般人相信是对的，不会产生怀疑。你可以请他们参与你想做的事情，或为你们题个词等。这些东西可以向对方证明你的实力，有了这些东西再说服对方就不会困难了。而且对方看你有"后台"也会愿意与你合作。

不管具体动机如何，选名人选的就是声望和面子。秦末农民起义，项梁不惜找到楚怀王的一个孙子，推为楚王，便是想借楚怀王的影响吸引百姓，因为他的影响比一般人要大得多，而且已经具有了明确的形象定位，顺手拈来是事半功倍的。

选名人做朋友，于你的人生大有裨益。

展示才华得贵人相助

也许你是一个聪明绝顶的人，有着足够的胆识谋略，但是，如果你不走出来，你的一切努力也许只有你自己清楚。现今是一个追求效益的时代，让别人看到你的存在，看到你的成绩，会有意想不到的收获，尤其是要让知名人士注意到你的存在，肯定你的成绩，因为这是最好的广告。

巴纳斯是大发明家爱迪生生前唯一的合伙人，他是一个意志坚强、勤奋努力的人。起初他一无所有，他在爱迪生那里谋到了一份普通的工作，做设备清洁工和修理工。当时爱迪生发明了口授留声机，但是公司的销售人员不能把它卖出去，巴纳斯这时主动申请做了留声机的销售员，但工资依然是清洁工的薪水。当时这种机器不是很好卖，巴纳斯跑遍整个纽约城，才卖了7部机器，应该说已经是一个不错的业绩了。他通过总结这段时间的销售经验，冥思苦想制定了留声机的全美销售计划，然后把计划拿到爱迪生办公室。爱迪生看过后，非常高兴，很欣赏他的计划，也为他的努力和细心而感动，同意巴纳斯成为他的合伙人。从此巴纳斯成了爱迪生一生中唯一的合伙人。

巴纳斯向老板主动展示了自己创造性的工作，因此得到了老板的赏识，进而从一名小小的清洁工雇员成为爱迪生的合作者。自然，他的收入也将不再与清洁工的薪水相提并论。

谁不希望自己能够一帆风顺，一夜成名？作为一个像巴纳斯这样的小人物做到这一步谈何容易？要不是依靠爱迪生的名气，他再有才能，再努力奋斗，在一个竞争激烈的商品社会中也是难以成功的。

盛唐时期，诗人王维想参加科举考试，请岐王向当时权势浩大的一位公主疏通关节，事先向主考官打声招呼，照顾一下第一次参加科考的王维。可是公主早已答应别人，为另外一位叫张九皋的人打过了一次招呼。岐王也感到十分为难，他对王维说："公主性情刚强，说一不二，想强求她改变主意给你打招呼，实在不容易，我来给你出个主意。你将你旧诗中写得最好的抄下十来篇，再编写一曲凄楚动人的琵琶曲，五天以后你再来找我。"五天后王维如期而至。岐王找出一身五颜六色的衣服，将王维装扮成一名乐师，携了一把琵琶，一同来到公主的府第。岐王事先对公主说："多谢公主予以接见，今日特地携了美酒侍奉公主。"说罢便令摆上酒宴，乐工们也都依次进入殿中。年轻的王维容貌秀美，风度翩翩，引起了公主的注意，便问道："这是什么人？"

岐王道："他是一个在音乐方面颇有造诣的人。"王维演奏了一首琵琶曲，曲调凄楚动人，令人击节叹息。这首曲子是王维新近创作的，他演奏起来自然得心应手。公主非常喜欢这首曲子，于是迫不及待地向王维发问："这支曲子叫什么名字？"王维马上立起身来回答："叫《郁轮袍》。"公主对王维更感兴趣了。岐王乘机说道："这个年轻人不仅曲子演奏得好，还会写诗，至今没有人在诗歌方面能够超得过他！"公主越发好奇了，赶忙问道："现在手里有你写的诗吗？"王维赶忙将事先准备好的诗从怀中取出，献给公主。

公主读后大惊失色，说道："这些诗我从小经常诵读，一直认为是古人的佳作，怎么竟然是你写的呢？"于是，让王维换上文士的衣衫，坐入客席。王维风流偶傥，谈吐风趣幽默，在座的皇亲国戚纷纷向他投去钦佩的目光。岐王趁热打铁，说道："如果这个年轻人今年科举考试得以高中，国家肯定又会增添一位难得的人才。"公主问："为什么不让他去应试？"岐王道："这个年轻人心气高傲，如果不能得到最为尊贵的人推荐考中榜首，宁愿不考。可闻听公主已推荐张九皋了。"公主连忙笑道："这没关系，那个人也是我受他人所托才办的。"接着对王维说："你如果真的想考，我必定为你办成这件事。"王维急忙起身道谢。公主立刻命人将主考官召来，派官婢将自己改荐王维的意思告诉了他。于是王维一举成名了。

贵人是你坚实的靠山，只有向贵人充分展示你的才华，才能够引起贵人的重视，你才会得到贵人的鼎力协助。机智灵活地向贵人展示自己的才华，你才会一步步走向成功。

主动和成功者联系

有时一个人的失败并不是因为他不够勤奋或没有才能，而是因为他没有抓住机遇，获得贵人的重用。机遇是可遇而不可求的，但是机遇也是可以自己创造的。要想得到机遇的垂青，你首先要让贵人知道你是谁。不要觉得不好意思，主动和成功者联系，大胆亮出你自己吧，可能当你亮出自己时，贵人已经赏识重用你了。

银行业是非常注重资历和经验的，所以在银行中担任要职的往往是老成持重的人物。但一个年轻人只用了不到 10 年的时间就登上了"金字塔尖"，他的成功经历引起了很多人的兴趣。

一位作家打算揭开这个谜底，他去拜访这个年轻的银行家时问过这样的问题："很少有年纪这么轻就能在银行里得到这么高职位的人。告诉我你是如何奋斗的？"

"这需要花许多工夫并勇于奉献，"年轻的银行家解释，"但真正的秘诀是，我选择了一位良师。"

"一位良师，这是什么意思?"作家问。

银行家说:"在我读大学快毕业时,有一位退休的银行家到班上做讲座。他当时已经 70 多岁了。他的临别赠言是:'如果你们有什么需要我帮忙的地方,尽管打电话给我。'听起来好像他只是客套一番,但他的建议却引起了我的兴趣。我需要他给我些建议,告诉我在我想入银行业时该走哪一步才是正确的。可我又很怕碰钉子,毕竟他是个有钱而杰出的人,而我只不过是个即将毕业的大学生而已。但是最后,我还是鼓起勇气打电话给他。"

"结果怎么样?"

年轻的银行家这么回答:"他非常友善,甚至邀请我与他见面谈谈。我去了,得到许多意见满载而归。他给我一些非常好的指导,告诉我应该选择在哪家银行做事,又告诉我如何将自己推荐给别人而获得一份工作。他甚至提议:'如果你需要我的话,我可以当你的指导老师。'"

"我的指导老师和我后来有着非常良好的关系。"银行家继续说,"我每周打电话给他,而且每个月至少一起吃顿午餐。他从来没有出面帮我解决问题,不过他使我了解要解决银行的问题有哪些不同的方法。而且有趣的是,我的指导老师还衷心地感谢我,因为我们的交往使他的思想保持年轻。"

如果我们去主动寻找的话,成功者的帮助就在那里。

各行各业都有许多非常成功的人,他们随时准备着帮助那些以成功为目标的人。如果我们要求他们帮助的话,他们一定会帮助的。

一次外语课上,一位来自商业银行的专家做讲演。做讲演的人总是希望有人配合自己,于是他问道,教室内有多少学经济的同学,可是没有一个人响应。但是有一个学生知道,听讲演的学生当中有很多人包括他自己都是学经济的,可是由于怕被提问的原因,大家都沉默着。专家苦笑了一下说:"我先暂停一下,插个故事讲给你们听——"

"我刚在英国读书的时候,在大学里经常有讲座,每次都是请华尔街或其他一些大公司的高级管理人员来讲演。每次开讲前,我发现一个有趣的现象,我周围的同学总是拿一张硬纸,中间对折一下,用极其醒目的颜色的笔大大地用粗体字写上自己的名字,然后放在座位边上。于是当讲演者需要听者响应时,他就可以直接看名字叫人。

"我不解,便问前面的同学。他笑着告诉我,讲演的人都是一流的人物,他们就意味着机会。当你的回答令他满意或者吃惊时，很有可能就预示着他会给你提供更多的机会。这是一个很简单的道理。

"事实也如此，我确实看到我周围的几个同学因为出色的见解得以到一流的公司供职。这件事对我影响很大，机会不会自动找到你，你必须不断地醒目地亮出你自己，吸引别人的关注才有可能寻找到机会。我发现有好多人在这方面实在是不令人满意，他们太过含蓄或者说是怯懦，他们不习惯让别人看到自己，或许这样你会过得很轻松，但是你决不会得到更大的成功。我想你们中的每个人都会有凌云壮志，但是你的第一步必须是找到赏识你的人，这对沉默的人是非常困难的……"

他的话结束后，学生中有人笑了，有人不屑一顾，但是有更多的同学举起了手或做一些了暗示：我可以回答。

善借成功者的名气

伦敦一家曾经门可罗雀的珠宝店，为了摆脱其岌岌可危的困境，利用人们对黛安娜仰慕、倾倒的心理，对顾客这样介绍说："这是黛安娜王妃前天选购的那种项链。我想，你一定也喜欢它。"那些"爱屋及乌"的黛安娜迷们，立刻抢购"黛安娜王妃"所赏识的首饰。老板满面春风，亲临柜台，面带微笑，热情地为每位太太和小姐介绍"黛安娜王妃"喜欢并购买的那种项链，那些爱赶时髦的"黛安娜"迷们蜂拥而至，使得这一家珠宝店一下门庭若市，车水马龙。几天的营业额就超过了开业以来的总营业额，发了一笔大财。

借名人的名气是一种很有效的经营方法。但是，使用这种方法应当注意所提到的名人，必须是大众公认的。而他确实与产品有关，只有这样才能真正起到引起他人注意和兴趣的效果。如果这种方法使用不当，也就是说如果你所提到的名人是过时的或者与你所经营的产品的关系很牵强附会的话，只能引起顾客的反感和否认，从而带来负面影响。

香港珠宝大王郑裕彤借助成功者的名气，更是借出了名堂。郑裕彤由于生意的需要，准备建造一个规模齐全、现代化水平最高的会议及展览场所。从 1984 年年底论证、筹划、达成协议以来，一切都在按部就班地进行。

这样的一个大举措自然引起了社会各界的广泛关注。可令人不解的是，郑裕彤虽对这个工程进行广泛宣传，却迟迟不肯下动工令。资金当然不是主要问题，且与香港政府方面的协议早已签订。万事俱备，现在还欠哪股东风呢？

就在外人左思右想的时候，谜底终于揭晓：原来郑裕彤宣布的开工日期恰恰是英国女王来访的同一天。

郑裕彤竟敢拿自己的开工奠基仪式与英国女王的来访争锋？这老头被胜利冲昏头脑了吧？人们纷纷议论。

当有人问郑裕彤开工的事时，他只是笑而不答。

郑裕彤对外界的种种传言与猜测置若罔闻，镇定地指挥手下加紧做开工奠基的准备工作。

香港国际会议展览中心奠基的日子到来了。这一天，天气晴朗，郑裕彤的职工们个个身穿礼服，精神焕发。奠基现场呈现一派隆重、热烈的气氛。

可是，英国女王这时已经莅临香港，香港政府的官员都去迎接女王了。新闻界记者们也都去了，全香港所有人士的目光都聚集在英国女王的身上，除了郑裕彤之外，没有任何人对这块尚未开发的地方感兴趣。

奠基仪式开始了。这时，最后的谜底才向世人揭晓：女王伊丽莎白二世也来参加奠基仪式了！她亲自用铁锹为中心铲下了第一锹土。

在场人士无不欢呼雀跃，人们纷纷向英国女王投去尊敬的一瞥。如同蜂拥一般追随女王而来的各路记者，纷纷用摄像机记录下了这令人激动的时刻。全世界的电视观众、广播听众和报刊读者一时间都知道了女王的行为，香港国际会议展览中心和郑裕彤从此名声大振。

这是一则不知多少人想做而又不敢做的广告，不知多少人想做而又没能做成的广告。而郑裕彤却做了，还做得那么漂亮。

由此可见，巧借名人的"光"照亮自己，能使自己的事业一路攀升，获得意想不到的好结果。

满足成功者的虚荣心

已故的哈伯博士原是芝加哥大学的校长，也是他那个时代最好的一位大学校长，他喜爱筹募数额庞大的基金。

一次，哈伯先生需要额外的 100 万美元来兴建一座新的建筑。他拿了一份芝加哥百万富翁的名单，研究应该向什么人筹募这笔款项。结果他选了其中两个人，每一个都是百万富翁，而且彼此都是仇恨很深的敌人。

其中一位当时担任芝加哥市区电车公司的总裁。哈伯博士选了一天的中午时分去拜访他。因为在这时候，办公室的人员，尤其是这位总裁的秘书，可能都已外出用餐了。他悠闲地走进总裁的办公室，对方对于他的突然出现大吃一惊。

哈伯博士自我介绍说："我叫哈伯，是芝加哥大学的校长。请原谅我自己闯了进来，但我发现外面办公室并没有人，于是我只好自己决定，走了进来。

"我曾多次想到你以及你们的市区电车公司。你已经建立了一套很好的电车系统，而且我知道你从这方面赚了很多钱。但是，一想到你，我总是要想到，总有一天你就要进入那个不可知的世界。在你走后，你并未在这个世界上留下任何纪念物，因为其他人将接管你的金钱，而金钱一旦易手，很快就会被人忘记它原来的主人是谁。

"我常想给你提供一个让你永垂不朽的机会。我可以允许你在芝加哥大学兴建一所新的大楼，以你的姓名命名。我本来早就想给你这个机会，但是，学校董事会的一名董事先生却希望把这份荣誉留给 × × 先生（这位正是电车公司老板的敌人）。不过，我个人在私底下一向欣赏你，而且我现在还是支持你，如果你能允许我这样做，我将去说服校董事会的反对人士，让他们也来支持你。

"今天我并不是来要求你做任何决定的，只不过是我刚好经过这儿，想顺便进来坐一下，和你见见面，谈一谈。你可以把这件事考虑一下，如果你希望和我再谈谈这件事，麻烦你有空时拨个电话给我。再见，先生！我很高兴能有这个机会和你聊一聊。"

说完这些，他低头致意，然后退了出去，不给这位电车公司的老板表示意见的机会。事实上，这位电车公司老板根本没有任何机会说话，都是哈伯先生在说话，这也是他事先计划好的。他进入对方的办公室只是为了埋下种子，他相信，只要时机来到，这颗种子就会发芽，并成长壮大。

果然，正如哈伯博士所预料的那样，他刚回到大学的办公室，电话铃就响了，是电车公司老板打来的电话。这位老板要求和哈伯博士定个约会。第二天早上，两人在哈伯博士的办公室见了面，一个小时后，一张100万美元的支票已经交到哈伯博士的手上了。

哈伯博士的成功在于先在请求捐款对象的脑海中埋下应该把钱捐出的一个充足的好理由。这个理由自然会向这个捐款对象强调捐款后的某些好处，通常，这种好处都是属于商业上的，但有时，它也会吸引这个对象天性中的某些兴趣，以促使他希望他能够在死后永垂不朽，满足了他的虚荣心。

每个人都有虚荣心，无论普通人还是成功者。赞美则是满足个人虚荣心的较好方式。首先要想到，一个名人之所以成为名人，一定是在他某一项工作上有特殊的贡献，而在他成名之后，恭维他工作的人一定很多，积久生厌，你一样照葫芦画瓢地用别人所用过的话来恭维他，是不会使他觉得满意的，这些他听得太多了。

大多成名的人，他的工作已成了习惯，你的恭维若不能别出心裁，一定不能打动他的心。对付这种人，最好拣工作以外的一些事情去赞美他，要欣赏他那些不为别人所知却是他自以为得意的事情。

也帮成功者一个忙

你要想取得成功者的信任不一定总有机会，但是，你必须为自己创造"贴金"的机会，一旦机会出现，就要紧紧抓住。

"东北王"张作霖就曾自导自演了一出好戏，巧妙地向自己所求之人表了忠心。

奉天将军增琪的姨太太从关内返回奉天，此事被张作霖手下干将杨二虎探知，急忙报告张作霖，张作霖一拍大腿，说："这真是把货送到家门口了。"

汤二虎奉张作霖之命在新立屯设下埋伏，当这队人马行至新立屯时，被汤二虎一声呐喊阻截下来，随后把他们押到新立屯的一个大院里。

增琪的姨太太和贴身侍者被安置在一所大房子里，四周站满了持枪的土匪，这时，张作霖已经接到报告，便飞马来到大院。故意提高声音问汤二虎："哪里弄来的马？"

汤二虎也提高声音说："这是弟兄们在御路上做的一笔买卖，听说是增琪将军大人的家眷，刚押回来。"

张作霖假装愤怒说："混账东西！我早就跟你们说过，咱们在这里是保境安民，不要随便拦行人，我们也是万不得已才走绿林这条黑道的。今后如有为国效力的机会，我们还得求增大人照应！你们今天却做这样的蠢事，将来怎向增琪大人交代，你们今晚要好好款待他们，明天一早送他们回奉天。"

在屋里的增琪姨太太听得清清楚楚，当即传话要与张作霖面谈。张作霖立即先派人给增琪姨太太送来最好的鸦片，然后入内下跪参拜太太。

姨太太很感激地对张作霖说："听罢刚才你的一番话，将来必有作为，今天只要你保证我平安到达奉天，我保证让你这一部分力量为奉天地方效劳。"

张作霖听后大喜，更是长跪不起。次日清晨，张作霖侍候增琪姨太太吃好早点，然后亲自带领弟兄们护送姨太太归奉天。

姨太太回到奉天后，即把途中遇险和张作霖愿为朝廷效力的事向增琪将军讲了一遍。增琪十分高兴，立即奏请朝廷，把张作霖的土匪收编为巡防营，张作霖从此正式告别了"胡匪"、"马贼"生活，成为真正的清廷管带。

对于求人办事之人来说，奉承话多说点固然重要，但是不能仅仅停留在口头。如果有机会为自己的主子立一两次大功，这样才能真正打动对方，使他视你为真正的心腹，这时要想办什么事情就非常简单了。

多交能帮你上进的朋友

人不能没有朋友。交友如染丝，染于苍则苍，染于黄则黄。交了爱吹牛穷聊的朋友，便难免陪着他云天雾地、海阔天空地夸夸其谈，久而久之，自己也会成为"话匣子"；交了爱玩爱闹不学无术的朋友，少不了一起去游游逛逛，打打闹闹，久而久之，自己也可能成为不求上进的浪荡鬼；交上了积极上进的朋友，谈的是学习、学问、成功，交流的是知识见闻，久而久之，自己则可能潜移默化而好学不倦，追求起真知，变得热情自信、视野开阔，这样从中得益就无可估量了。

三国时创造了指南车和新式丝绫机的马钧，也曾得到过好友傅玄的大力支持。明末清初的顾炎武曾写了《天下郡国利病书》，是水利方面一本有一定科学价值的书。顾炎武之所以能写出这本著作，与他的朋友耿橘有很大关系。耿橘是个对水利很有研究的人，他在做常熟知县时，先后开浚了福山塘和奚浦，还写过一本《水利全书》，对于如何根据地势高低来决定蓄泄，如何根据水系来进行开浚，都有周密详尽的规划。这些都给了顾炎武以启发。没有这位好学友，顾炎武的《天下郡国利病书》就很难问世。

世界著名的科学家爱因斯坦的科学成就，也得益于他的学友们的帮助。他在掌握黎曼几何之前，只是取得了狭义相对论的成功。后来朋友们帮助他掌握了黎曼几何，才促使他发现了广义相对论的奇妙世界，建立了科学史上罕见的功勋。

有时候，你距离目标只有一步之遥，而关键就在于你能否找到实现目标的资源。克富洛夫说："现实是此岸，理想是彼岸，中间隔着湍急的河流，行动则是架在河上的桥梁。"如果我们想要把心中的想法付诸行动，就必须寻找那些能助你上进的朋友的帮助。

在商界，那些成功人士为获得资源，互通有无，往往人为的建立一些"圈子"，以此获得更多的信息与机遇。商业俱乐部和会所就是这种圈子的主要形式。北京大学中国金融投资家俱乐部是以北大经济学院中国金融投资家培训班学员为主体的俱乐部，该俱乐部的成员都是投资公司老板、证券商、银行家以及政府金融部门的关键人物，他们手中控制着1200亿元的资本。同泰兴业投资有限公司的老总温正安是该俱乐部的主要发起人之一。寻找可能的商机、合作伙伴也是加入这个圈子的动机之一。这些成员们都认为"圈子"是个对成功很重要的因素，特别是圈子里都是上进、有资源、有才华的人。

在北京翠宫饭店高级会所，能够看到诸多"中国中关村企业家俱乐部"会员的身影，其中不乏频频在各种传媒上露面的有名之士。该俱乐部会员多为各 IT 公司老板，俱乐部就像一座桥，把方方面面的人聚集起来，在这里可以交朋友，找商机。定期举办的行业讨论及技术推广活动等成为重要的交流平台。

有鉴于此，多交能帮你上进的朋友，拓展成功者的人脉就显得更加必要且重要。俗话说："玻璃与金子相会，便有宝石的光辉；愚人与善人接近，也同样会变得聪明。"如果我们广交学友，把许多人的智慧变成自己的智慧，那么我们自身的发展也一定会加快，也会取得更大的成就。

每个人都可能成为你的贵人

贵人在名片里，在火车上，在聚会里，在所有我们熟悉的地方。

让我们仔细回想一下自己的生活经历，重大的转折发生时，谁起了关键的决定性作用？这些人是你从家庭继承下来的世交呢，还是成年后自己逐渐结交的朋友呢？至少有一半是我们自己创造的朋友。社会在变化，世事在演化，我们和朋友都是由陌生到熟悉，再到深交的。只有善于把陌生变成熟悉，我们的朋友才能越来越多。

多年前，张小姐在火车上碰到了一个急着回家看望老母的年轻人。由于正好是一个方向，他们攀谈了起来。得知，他是一家著名计算机公司的技术主管，而张小姐当时是个将要找工作的大学毕业生，本来只是想回到家乡找个安安静静、稳定的工作。但是，对方的一席话，使得她下定决心来到一个陌生的城市。在这位朋友的帮助下，她在一家 IT 公司上班了。本身就是学物理的张小姐，凭着自己聪颖的天分，现在已经是一家跨国公司的部门主管了。对一个二十多岁的女孩来说，这是一个非常难得的成就。现在谈起来，张小姐会说，我本来只想画个小小的圆，现在居然画的超出我原先理想的好几倍——一个大大的圆。她自己也原以为她会是一个守着小家庭过一种淡然而轻松的小城生活的"小女人"，现在却成了一个国际大都市里一个耀眼的"金领"了。

有很多这样的人，"偶然"邂逅，认识某人，然后是新的成功的路途。不相信这种相逢机会的人们，对它不会在意。懂得掌握机会的人们，平常就会做好接纳偶然相逢的心理准备。机会出现时，就尽量地向对方讨教，完成自己的梦想与抱负。所以重要的是，为人生一些偶然的邂逅做好准备，贵人常在这些不经意中出现。

在一个暴风雨的晚上，一对老夫妇来到一家旅馆，要求订房。

"很抱歉！"柜台里一位年轻的服务生说，"我们这里已经没有空房间了。"

老先生愁眉微锁，嘀咕道："我们是从外地来的旅游者，人生地不熟。在这样的雨天，真不知道怎么办才好！"

服务生知道，现在是旅游旺季，附近的旅馆全都客满，要订到客房，十分不易。想到老夫妇不得不在这样的大雨天出去找一个安身之所，服务生心里感到很难过。

年轻的服务生不忍心让两位老人重新回到雨中去。他说："如果你们不嫌弃的话，可以住在我的房间里。"

"但是……这太打扰你了！"

"我要在这里工作到明天早晨，请放心，你们不会给我造成任何不便。真的，一点也不会！"服务生边说，边将酒店的值日表指给老人看，证明自己确需加班，以打消他们的顾虑。

老夫妇欣然应允，在服务生的房间里住了一晚上。第二天早上，他们想照价给服务生付房费。服务生婉言谢绝："我昨晚已经赚到了加班费，请不必客气！"

老先生感叹道："你这样的职员是任何老板都梦寐以求的。我将来也许会为你建一座旅馆。"

服务生笑了笑，他以为这只是一个玩笑。

过了几年，服务生忽然收到一封老先生的来信，邀请他到曼哈顿见面，并附上了往返机票。到了曼哈顿，老先生将他带到一幢豪华的建筑物前面，说："这就是我专门为你建造的饭店。你对它满意吗？"

许多年过去了，这家饭店发展成为今日美国著名的渥道夫·爱斯特莉亚饭店。这个年轻的服务生就是该饭店的第一任总经理乔治·伯特。

乔治·伯特喜遇贵人，不是偶然的幸运，而是得益于他助人为乐的一贯作风。

人生总是具有戏剧性的色彩,"有心栽花花不开,无心插柳柳成荫"用来形容人的机遇真的很合适。人生总是在一个偶然的时候发生改变,旅途中偶然遇到的一个人也可以改变我们的生活轨迹。

人总是从陌生到相识,现在你遇到的某个陌生人,也未尝不会成为你日后的贵人。如果你能认识到这一点,谦逊恭敬地对待每一个人,那么你永远都不缺乏助你人生起飞的贵人。

如何与成功者交往

凡是在某个领域出类拔萃的人,其所思与所为都不同于该领域中的一般人。他们成功的秘诀,是师人之长,取人之精,为我所用。

通过观察、比较、学习和沟通,征求成功者的意见,是成功的一个关键。不管我们是做哪个行业,选一位成功者当自己的引导者,别害怕求助于他们。有个规则要记住:一个越是有成就的人,他就越希望与那些能将他的才华完全发挥出来的人分享他的学问、智慧和经验。人生最大的乐趣之一就是将自己的经历与他人分享。所以成功的人,都是乐于借鉴他人的经验,学习他人的长处而在前人的肩上成就事业、创造人生的。

我们都希望与有能力、有地位、有用处的人,甚至与名人做朋友,我们都希望这些人能帮助和指导我们,然而,我们用什么方法来赢得这些人的指导呢?

第一,要创造机遇,进入贵人的视线。

宋朝时期,有人假造魏国公韩琦的信去见蔡襄,蔡襄虽然有所怀疑,但是他性情豪放,就送给来者三千两银子,写了一封回信,派了四个亲兵护送他,并带了些果物赠送给韩琦。这个人到京城后,拜见韩琦,承认了假冒的罪责。韩琦缓缓地说:"君谟(蔡襄字)出手小,恐怕不能满足你的要求,夏太尉正在长安,你可以去见他。"当即为他写了封引荐信。韩琦的子弟对此举表示疑惑不解,觉得不追究伪造书信的事就已经很宽容了,引荐的信实在不该写,韩琦说:"这个书生能假冒我的字,又能触动蔡君谟,就不是一般的才气呀！"这人到了长安后，夏太尉竟起用他做了官。

假冒权贵之人，虽然是一着险棋，但是达到了接近贵人的目的，也就得到了贵人的认可和提拔的机会，那接下来的路也就顺畅多了。

第二，要发掘对方关心的或感兴趣的事物，赢得别人的注意。许多成功人士都有这个本领，他们从每一个名人的特别有趣的经历中去接近他们。

第三，要得到贵人的重视和关爱，就必须采取主动。正如人们常说的：老实人吃哑巴亏，会哭的孩子有奶吃。

第四，一定要掌握分寸，只有关系到你切身利益，而又不影响对方面子的事才有可能得到帮助。

第五，要经常激励你的贵人，让他知道，帮助你晋升后他有什么好处，不帮你晋升，他会有什么损失，从而激发出他提拔你的积极性。而如果你现在的领导没有能力提拔你，你就必须绕道而行，以退为进寻求另一个贵人的帮助。

总之，与成功者交往必须讲究方式。对不同的人采取不同的策略，对不同的事也要具体问题具体分析。灵活处理，不断变通，才能更好地靠住大树，攀附贵人。

第十二章

"管理"上司是把双刃剑

彼得·克拉克说："你不必去喜欢你的上司,你也不必恨他,然而你却是必须去管理他,这样他才会成为你达到目标、取得成功的资源。"然而,上司并不是简单被动的"资源",与上司相处稍有不当,将会伤害到你自己。因此,把握"管理"上司这把"双刃剑"需要更高的技巧。

准确领会上司的意图

读懂上司最能考验一个人的"悟性"。经常听到领导说某某人"悟性好,一点就透",也经常听到领导抱怨某某人"不灵通,翻来覆去交代多少遍也不领会意图"。由此可知,善于读懂领导也是会表现的重要方面。

李续宾是曾国藩手下善于揣测其意图的爱将。一天,曾国藩召集众将开会,谈到当时的军事形势时说:"诸位都知道,洪秀全是从长江上游东下而占据江宁的,故江宁上游乃其气运之所在。现在湖北、江西均为我收复,仅存皖省,若皖省克复……"此时,李续宾早已明白曾国藩的意图,趁势插口道:"涤帅的意思,是要我们进兵安徽?"(曾国藩号涤生)"对!"曾国藩以赞赏的目光看了李续宾一眼,"续宾说得很对,看来你平日对此已有思考。为将者,踏营攻寨计算路程尚在其次,重要的是要胸有全局,规划宏远,这才是大将之才。续宾在这点上,比诸位要略胜一筹。"李续宾一句话赢得了这么高的赞扬,实在是高明之举。

上司的意图有时不会直截了当地表达出来,需要下属仔细揣摩去做。原因是多方面的,比如,上司碍于自己的地位,不便随意表态,但倾向性意见已不难忖度,这时你应该比较乖巧,不能强迫上司明确表态;上司需要助手帮腔,一个唱红脸,一个唱白脸,这台戏才能演好,这时就不能附和上司,和他一个调子;上司还没有拿定主意,但迫于形势只好模棱两可地敷衍几句,这时你就得稳重,私下找上司商量,不要贸然行事。还有一种情况是上司基于其地位的不同,只能用委婉客套的话说出来。

何阳刚调入制药公司时,科长对他说:"你刚到公司,恐怕对此处的各种情况都很生疏,不妨先走走看看,等你把各处的具体情况熟悉了之后再说。"

这位科长似乎十分通情达理,何阳也信以为真。他在公司里悠闲地逛了3个月,没做什么具体工作。

没料到,有一天科长突然把何阳叫去,用一种十分不快的口吻说:"我是欣赏你的工作能力才推荐你来公司的,可是许多职工都反映,你整天闲逛,懒懒散散,大家因此而满腹意见,你可要注意影响,有点作为呀!"

何阳听了以后,哑口无言。但他在心里却暗暗地想道:"不是你叫我走走看看,熟悉情况的吗?我现在完全按你的吩咐去做,你反而责怪我了。"

这件事究竟是谁的过错呢?

我们只要稍加分析,就能发现,这应完全归咎于何阳的天真和疏忽。

何阳是被科长看中而特地录用的。开始,科长的嘱咐纯属客套,其背后的潜台词是:新进人员在不熟悉情况时贸然行事,容易遭到老职工的抵制,所以,谨慎小心为妙。

但是,何阳对科长的用意居然一无所知,天真地领会科长的客套话,并照办不误,因而出现了纰漏。此时,他若不受科长的责备,才是怪事呢!

作为下属,必须掌握上司对你的期待,并且有所行动,否则的话,辜负了上司的期待,就谈不上利用和推动上级并获得他们由衷的赞美之辞了。

领导或上司对部属的期待,不会每次都以率直的语言表达出来,有时嘴上说"这样做",心中却要求"那样做"。也就是说,上司有时因为碍于情面,会用委婉暗示或其他曲折隐晦的方式把自己的要求说出来，因而，他所说的和他内心所期待的并不完全合拍，表里一致。

准确了解上司的意图是你与上司搞好关系的前提条件。每位上司由于各自背景的不同，其工作方法和思维方式也各不相同。因此，与不同的上司相处时，应根据其性格、思维方式，因人而异地选择工作方法和处理方式。

了解上司的性格、工作方法和思维方式，不仅可以到实际工作中去揣摩，还可以通过各种途径，如单位聚会、与领导一同出差等机会与其交流，增进彼此的了解，以便在工作中更好地配合领导的意图，提高工作效率。

读懂领导，准确领会其意图，并非一日之功。常言道：凡事预则立，不预则废。只有平时紧紧围绕领导关心的敏感点进行思考，才能准确把握领导意图。

看懂上司的眼色

人的情绪外露最显著、最难掩饰的部分，不是语言，不是动作，也不是态度，而是眼睛。言语、动作、态度都可以说谎，而眼睛是无法伪装的。我们看眼睛，不重大小圆长，而重在眼神。

当你与上司谈论某件事时，或你向上司提出某种请求时，要学会从上司的眼神判断事态：

1．眼神沉静

表明他对于你的问题早已成竹在胸，应付之后，定操胜算。只要向他请示办法，表现焦虑即可，如果他不肯明白说，这是因为事关机密，不必多问，只静待他的通知便是。

2．眼神散乱

这说明对于你的问题，他也是毫无办法，困心焦虑之余，反弄得六神无主，你徒然着急是无用的，向他请示，也是无用的。你得平心静气，另想应付办法，不必再多问。

3.眼神横射，仿佛有刺

表明他对于你是异常冷淡的，如有请求，暂且不必向他陈说，陈说反而显得你不知趣、不识相，应该从速借机退出来，即使多逗留一会儿也是不适的，退而研究他对你冷淡的原因，再谋求恢复感情的途径。

4.眼神阴沉

你应该明白这是领导凶狠的信号，你与他交涉，须得小心一点。他那一只毒辣的手正放在他的背后伺机而出。如果你不是早有准备想和他见个高低，那么最好从速鸣金收兵。

5.眼神流动异于平时

这暗示着他胸怀诡计，想给你苦头尝尝。这时应步步为营，不要轻近，前后左右都可能是他安排的陷阱，一失足便跌翻在他的手里。他是个诡而不正的人，不要过分相信他的甜言蜜语，这是钩上的饵，是毒药外面的糖衣，要格外小心。

6.眼神似在发火

他此刻是怒火中烧，怒气极盛，如果不打算与他决裂，应该表示可以妥协，速谋转机。否则，再逼紧一步，势必引起搏斗，作正面的剧烈冲突了。

7.眼神恬静，面有笑意

表明他对于某事非常满意。你要讨他的欢喜，不妨多说几句恭维话，你要有所求，这也是个良好机会，相信一定比平时更容易满足你的希望。

8.眼神四射，魂不守舍

这说明他对于你的话已经感到厌倦，再说下去必无效果，你不如赶紧告一段落，或乘机告退，或者寻找新话题，谈谈他感兴趣的话题。

9.眼神下垂，头向下倾

这说明他是心有重忧，万分苦痛。你不要向他说得意事，你的得意事反而会加重他的苦痛，你也不要向他说苦痛事，因为同病相怜越发难忍，你最好说些安慰的话，并且从速告退，多说也是无趣的。

10.眼神上扬

这说明他是不屑听你的话，无论你的理由如何充分，你的说法如何巧妙，还是不会有高明的结果，不如戛然而止，退而求接近之道。

总之，眼神有散有聚，有动有静，有流有凝，有阴沉，有呆滞，有下垂，有上扬，仔细参悟之后，则上司心情暴露无遗。

将功劳让给上司

汉代有一位能干的官吏，安民有方，平息了大灾害后的暴动。他鼓励人民垦田种桑、重建家园。经过几年治理，当地社会稳定，百姓安居乐业，这位官吏得到了人民极大的拥戴，名声响彻朝野。

皇帝突然在此时召他还朝，临行前，他座下的一位谋士突然前来求见，问他："天子如果问大人如何治理地方，大人打算怎么回答？"这位官吏坦然地回答："我会说任用贤才，使人各尽其能，严格执法，赏罚分明。"谋士连连摇头道："非也非也，此话将陷大人于不利，在天子心中，大人声名已经过于显赫了，再自夸其功，后果不堪设想。"官员心中一惊，"功高震主"的人往往没有好下场，这样的教训已经够多了。

于是在皇帝召见时，官吏一再推辞奖赏，只说"都是天子的神灵威武感化所致"，皇帝果然龙颜大悦，将他留在身边，委以显要的官职。

做下级的，最忌自以为有功便忘了上司。古今中外许多事实证明，功高震主之时，往往也是失宠之日。重视人才、超凡脱俗的上司毕竟是凤毛麟角，在大多数人的心中，都或多或少藏着"嫉妒"的鬼火，一旦你的光芒太过耀眼，你的功劳太过卓著，上司在你身边，便会觉得自己黯淡无光，更会有地位被你动摇的联想，他们会很自然地将你视为竞争对手、心腹大患，而你在不知不觉中，就已面临着一场灾难。

在这个以自我为中心的社会里，如果有人肯大方利落地将功劳让给别人，受到礼让的人一定会大为吃惊，继而心生感激，常常会产生"我欠了此人一份人情"的想法，对此人更是好感大增。

不居功自傲不仅仅可以在上司心中留下美好的印象，更深层次的意义是能使你的人格变得更伟大。将自己用辛勤和汗水换来的功劳拱手相让，这本身就需要具备很深的修养。但是，也只有这种气量很大，不斤斤计较得失的人才能真正打动上司，他总有一天会设法偿还这笔人情债。当然，在他的帮助下，你也不会缺少再次建功的机会。只是有一点需要注意，礼让功劳的事绝对不能作为个人资本到处宣传，否则，让功的收益便会下降为零，甚至适得其反，你在上司眼中会成为彻头彻尾的小人。

记住永远不要让你的光芒遮盖了你的上司。具体来说是切勿冒犯上司，不抢上司的风头；做事情把握分寸，要到位而不要越位，总是比上司矮一截，任何情况下不让上司觉得你是对他有威胁的。能够做到这些，你自然就能够在陷阱重重的权利森林中得以自保，进而提升自我，获得事业的成功。

说服领导的话要说得巧

很多时候，上司是被说服的对象。由于种种原因，上司可能会做出错误决断，一个有责任心的下级应该尽全力提醒和说服上司改正错误的决策。这既是对上司的拥戴，又是对工作尽职尽责的表现。

发现上司的问题并不难，对于下属来说，难的是敢不敢当面提出，或者不知道该如何提出。拙劣的建议、方法很可能会毁了自己的前程。通常情况下，人们存在一种消极防卫心理，担心多嘴多舌会触犯上司，招致打击报复，故而对上司的问题睁只眼闭只眼，听之任之。反正出了问题，责任也不在自己。其实，这种明哲保身、三缄其口的态度是不正确、不负责任的。称职的下属应出于公心，多一点大无畏精神，敢于对上司的问题给以同志式的说服。更何况，绝大多数领导者还是非常愿意倾听下属意见，希望把工作做好的。

要想说服上司，首先需要有一点勇气。当然，由于彼此地位、职务的差异及隶属关系的制约，部属说服上司必然不同于说服下级或同事。只有善于把握上下级关系的特殊性，采取得体的口气、恰当的方式和技巧，讲究说服的艺术，才能收到良好的效果。

要说服领导就要把道理讲清楚，讲清道理也是有技巧的。只讲大道理，会让人不易接受，那就莫如从小道理入手，层层深入，加以分析，听起来更有道理。

战国时期，吴王夫差决心攻打齐国，朝中大臣多数反对，力阻夫差。但他一意孤行，将直言进谏的伍子胥赐死，还下令"敢谏阻伐齐者死"。

这一天，夫差的儿子友也向他进谏，但他并没有直陈伐齐之弊，而是编了一个故事给夫差听。他说他早晨见一只大螳螂欲捕蝉，而一只黄雀也正准备把这螳螂作为美餐。友用弹弓赶打黄雀，不料却不慎掉入了一个大坑中。

夫差听完，大笑友愚笨。友于是说道："我只顾眼前利益，没有想到身后的祸患，所以才愚成这个样子，可天下还有比儿臣更愚笨的人呢！"夫差就问："那是谁？"

太子友于是鼓足勇气说了一番话，终于让夫差不得不深思伐齐之事。

他说："那蝉、螳螂、黄雀都只贪图眼前之物，忘却身后之忧，是贪而愚的。儿臣只顾打黄雀而坠入深坑，也是贪而愚的，但我失去的仅是一只黄雀。父王攻打齐国，也是贪而愚，但失去的却是国家！父王只想到称霸诸侯、扩大疆土，想到征服齐国的利益而劳民伤财，疲师伐远，却忘了越王勾践会趁机来攻打我们，所以说父王比儿臣更愚笨！父王不听大臣劝阻还下了死令。儿臣说完了，请父王处置吧！"

夫差听了，觉得有些道理，就没有处罚友，并重新考虑伐齐之事。

以螳螂捕蝉黄雀在后的道理，比喻吴之伐齐，这就是以小比大，由浅入深的进言方法的具体运用。应该说，这种方法更容易见效。

维护上司的尊严，才能说服他们，如果指责他们，使他们当众出丑、难堪，你的上司会把你列入"罪人"一列的。平常人尚且要注意维护尊严，更何况你的领导呢。以趾高气扬的态度，采用指责的口气去说服别人的人，无异于是去找碴。如果产生了争论，千万不要把你的上司驳得张口结舌才"鸣金收兵"，自以为得意，其实很蠢。步步紧逼的说服非但不能促使领导者改变其立场、观点，而且会因其自尊心受到挑战，而变得固执起来，使说服归于失败。因此把握说服的分寸十分重要，一般情况下，只要陈述了自己的看法，对方就会定夺，并以自认为恰当的方式予以接受。下属要相信领导的判断力，对于正确的意见和建议，他们会给以充分的考虑的。不过，不要企图"立竿见影"，要给他们充分的思考时间，他们会权衡利弊，得出正确结论，这时，你也就达到说服的目的了。

受宠时要懂得分寸

美国人力资源管理学家科尔曼曾说过："职员能否得到提升，很大程度不在于是否努力，而在于上司对你的赏识程度。"但是，即使发现上司对你非常赏识，你也千万不要以此为荣，更不要因此骄傲蛮横、目中无人。而是要学会把握好分寸，分寸把握不好，上司对你的赏识也就会慢慢变味。把握好分寸，领导才会更欣赏你。

杨娟最近在做一些小动物的书，将这些小动物的生态情况等做一些介绍，读者对象是小朋友，要把原来那些科普味很浓的文字都要修改成儿童感兴趣的文字。

上司对杨娟的工作非常满意，他经常当着同事的面夸奖杨娟，说杨娟的感觉很好，很符合孩子们的心理特征。杨娟第一次听上司如此说的时候，心里很高兴，也很自豪，自己的付出得到肯定，自然很欣慰。但是，上司说得多了，杨娟就觉得不太妥当。觉得上司如此表扬自己事实上是否定了其他员工的工作，如此一来很容易被其他同事妒忌。最后，一旦将来工作没有做好，上司会觉得自己没有用心去做。

于是杨娟决定找准时机来防止上司过多的赞扬！

再次开会时，上司又表扬了杨娟。上司话音刚落之后，杨娟即站起来恰到好处地说："经理，谢谢您对我工作的支持！我之所以能取得今天的成绩，不仅仅与我自己的努力有关，更与其他同事的帮忙有直接关系，我会继续向您以及其他同事学习，取得更好的成绩！如果将来我出现什么差错，也希望您和同事能耐心地指导我！"

面对上司的赏识一定要沉得住气，因为那些赏识说出来可能会对你不利，或是别有用心。而你要留意周围的状况，做出最理智的回应。

如果上司对你特别好，但你的工作表现又不是同事中最突出的，那你便要好好反省一下，看看上司偏爱你的原因是否有下列几点：

(1) 上司是异性，而你自问魅力过人，故获得优待。

(2) 你忠厚过人，从不说谎，上司可从你口中得知其他下属的表现。

(3) 你重义气，为报上司知遇之恩，愿为他做工作以外的事。

(4) 嘴甜舌滑，深懂奉承技巧，上司又是爱戴高帽的人。

(5) 对上司完全没有威胁，上司对你十分放心，故宠幸有加。

假如你是上述五大原因之一，请勿沾沾自喜，你的情况不会令人羡慕。

在第一项中，外貌、气质虽然可吸引上司于一时，但难保有更突出的新人随时出现，那时地位便难保了。

如是第二项，那上司不是看重你，只是利用你做探子。一旦下属出现不满，他会牺牲你的利益。

第三项，你不是公司的资产，只是上司的侍人，表面得宠，会被人视作狐假虎威的可怜虫。

第四项，大部分人得宠的原因，但与第一项一样，随时有被取代的危险。

第五项，前途只有片刻光明，一旦换了上司，庸碌的人必被淘汰。

不论你是哪一种，切忌恃宠生娇。古语有云："伴君如伴虎"。小心！

别和上司走得太近

每个人都希望自己能和上司走得近些、更近些，觉得如此才能和上司保持亲密关系，才能得到上司的赏识，然而，这通常是个误区！

无论什么时候，上司就是上司，即使上司和下属的关系很不一般，也不表示上司与下属之间没有距离。毕竟你与上司在公司中的地位是不同的，这一点要心里有数。不要使关系过度紧密，以至卷入他的私人生活之中。

一个小国的国王为了自己的国家不被邻近的大国所侵犯，只得委曲求全与邻国联姻，娶了大国国王的妹妹为妻。

由于这个国王的妹妹是个极其尖酸刁蛮的女人，因此婚后的国王处处受制于她。国王因为长期的压抑，不得不在外面又暗自结识了一个女人。由于担心凶恶的王后知道此事，国王终日提心吊胆。

这时，有一个很会讨好国王的人主动为他出谋划策，为国王设计了许多与情人幽会的方式,国王也视他为亲信。国王与情人的事情只有这个亲信最清楚。

久而久之,皇后似乎有些察觉了国王的不轨,就准备找那个亲信询问。因为她知道,只有他最清楚国王的私事。

国王得此消息后,立即捏造了一个罪名,下令把那个亲信处死,这样就永无后患了。

如果过多地介入上司的私生活,并脱离了与上司的正常关系,这对你没有丝毫的好处。上下级之间的确是可能建立友谊的,但是友谊过头,过多地参与上司的秘密,却是不值得提倡的。

亲密的关系有一种平等化的效应,这会扭曲上司与你之间正常的上下级关系。

上司让你知道的秘密一旦被泄露,他将受到伤害。最初你或许会因为是上司的密友而与他无话不谈,并自鸣得意,可是时间一长,上司便会有一种潜在的危机感,从而使你们的密友关系变得越来越尴尬。哪怕上司让你知道的秘密仅局限于公司内部的事情,这仍会给你带来不必要的麻烦。因此,你介入得越深,就越会发现自己的行动开始变得不自由。

此外,频繁地和上司周旋而获得上司密友或上司宠儿的称号,还会使你招致公司同事们的反感和不信任,甚至会有人想尽一切办法处处与你作对,来拆你的台,谁知道你成天黏在上司身边,一副神秘兮兮的样子是不是有什么见不得人的小阴谋或小算盘呢?这也是人们的本能反应。

即使你在潜意识里有强烈的成功愿望,但是为了自己的愿望在实现的过程中没有人为的障碍出现,你和上司之间一定要设一块禁区,并管住自己不要胡乱瞎闯。

此外,还要留一点私人空间给你的上司。因为当上司的也需要安全感!和上司相处,各人有各人的门道,送礼也好,拍马屁也罢,都不如在工作上面给他留下一点空间好。

身为职场中人,尽量与上司搞好关系是绝对应该的,但是走得太近就非常危险了。但要想成为一名受欢迎的员工,在和上司打交道的时候,无论如何要记住如下几点:

首先,不论什么时候,上司就是上司,即使你们的关系很不一般,也不意味着你对他可以没有敬畏和恭维。

其次，和上司之间的关系不能像朋友那样，朋友之间的相知、相识是一件好事，可是如果对方是你的上司，那是福是祸，可不一定。最可怕的莫过于你知道了上司的隐私！

最后，一个优秀的员工应该懂得自己与上司之间的差别，尽管可能有时你很受上司的赏识，是上司手下的关键人物，但别忘了上司毕竟跟你不是一个级别的同事，你们的关系是领导与被领导的关系。你可以与上司关系和谐，但不必太过亲近。

与上司的关系最好不疏不离，既让他感到你很亲近，但又不对他构成威胁。

切不能替领导做主

"糟了！糟了！"王经理放下电话就叫了起来："那家便宜的东西根本不合规格，还是原来林老板的好。"接着，王经理狠狠捶了一下桌子："可是，我怎么那么糊涂，竟写信把他臭骂一顿，还骂他是骗子，这下麻烦了！"

"是啊！"秘书张小姐转身站起来："我那时候不是说吗？要您先冷静冷静，再写信，可您不听啊！"

"但是我没有发那封信。"张小姐接着说。

"没发？"

"是啊！我猜到您会后悔，所以压下了。"张小姐转过身，歪着头笑笑。

"压了三个星期？"

"对！您没想到吧？"

"我是没想到。可是，我叫你发，你怎么能压？那么最近发往美国的那几封信，你也压了？"

"我没压。"张小姐脸上更得意了："我知道什么该发，什么不该发……"

"你做主，还是我做主？"没想到王经理居然霍地站起来，沉声问。

张小姐呆住了，眼眶一下湿了，两行泪水滚落，哭着说："我，我错了吗？"

"你做错了！"王经理斩钉截铁地说。

张小姐被记了一个小过，是偷偷记的，公司里没有人知道。

张小姐跑去孙经理的办公室诉苦，希望调到孙经理的部门。"不急！不急！"孙经理笑笑，"我会处理。"隔两天，果然做了处理，张小姐一大早就接到一份解雇通知。

张小姐不但错了，而且错大了，她非但错在不懂人情，更错在不懂职场的潜规则。经理毕竟是上司，大事还是他做主。出了错，他最先承担；有面子，也该由他来卖。不管你实际上比上司强多少倍，你必须知道，上司永远是上司，他的权力不允许被侵犯。

身处职场，千万不要在不该说话的时候说话、不该做主的时候做主。你必须知道，无论你帮领导管了多少事，也无论你的领导多糊涂，他毕竟还是你的老板，大事小情毕竟还得由他来做主。

上司反感下属的自作主张，其实不在于他的擅自决定给工作带来的损失，通常说来，这种损失是微小的。上司心中真正在意的是下属越权行事的行为，以及这种做事风格所反映的下属心中对上司的态度。

不要以为这是一件很小的事情，也不要以为自己的主张很完美，你就可以擅自做主。很多时候，即使你所决定的是一件很小的事情，即使你的主张真的很完美，但是话从你的嘴里说出来，最后的效果就会不一样！

在职场上，你必须时刻牢记一条：上司永远是决策者和命令的下达者，无论我们对自己的判断力有多大的把握，无论你代替上司决定的事情有多细微，都不能忽略上司同意这一关键步骤。否则，当上司意识到本应由自己拍板的事情，被属下越俎代庖，他所产生的心理上的排斥感和厌恶感，以及对于下属不懂规矩的气恼，足以毁掉你平时小心经营，凭借积极努力所换来的上司对你的认同。所谓"一招不慎，满盘皆输"，莫过于此。

上司的疮疤不能揭

"为尊者讳"，这是官场的一条规矩。一个人，无论他原来的出身多么低贱，有过多么不光彩的经历，一旦当上了大官，爬上了高位，他身上便罩上了灵光，变得神圣起来。往昔那见不得人的一切，要么一笔勾销，永不许再提；要么重新改造，重新解释，赋予新的含义。

朱元璋原本是泥腿子出身，早年当过和尚，后来又参加过推翻元朝统治的红巾军起义。这些经历在朱元璋看来都是卑微的。朱元璋因当过和尚，对"光"、"秃"一类的字眼十分忌讳；因红巾军被统治者说成是"贼"、"寇"之类的组织，朱元璋便对这些字眼也极为反感。最具有代表性的例子是，杭州徐一在《贺表》里写了"光天之下，天生圣人，为世作则"几个字，朱元璋读了勃然大怒说："生者僧也，骂我当过和尚。光是削发，说我是秃子。则者近贼，骂我做过贼。"于是，立即下令把徐一处死。

在日常生活中，要谨慎处理与上司的关系，最要紧的一点是千万不要伤害上司的尊严，同时注意替上司保守秘密。

一次偶然的机会，你发现了一个秘密：已婚的上司竟与某女同事大闹婚外情。

其实，事情并不复杂，你只需装聋扮哑，也就是说一切装作不知，三缄其口。

例如，你本来约了朋友在某餐厅吃晚餐，当你踏入餐厅，却赫然见到他俩，你可扮作一派镇静，先环视一下四周，若你的朋友未到，事情就好办得多，就当成找不到人，离开那里，在门外等你的朋友。即使朋友已坐在餐桌前，你也可走上前，当成有急事找他，与他一起离开那地方，再作详细解释。

要是你与友人先到，正在用餐，他俩才走进来，那就不妨在四目交投的情况下淡然地打个招呼，但不要与友人闲聊太久，最好比他俩先走，离开时记着不必打招呼了。

翌日返回办公室，要当成若无其事，只管埋首文件堆，就是有同事私谈有关两人之事，还是绝口不提为妙。对此等暧昧之事避之则吉。有时候知道的事情太多并不是件好事，尤其是上司的隐私千万不能透露出去，否则就要大祸临头了。如果能够及时替上司掩饰其"痛处"或"亏点"，则有可能被对方引为知己，得到意想不到的结果。

善于与不同类型的领导打交道

你若想了解上司，可以观察他本人的一言一行、他的思维方式、他的喜恶，等等。通过对以上各方面的观察，你就会对上司有所了解，这种了解是你做事情的依据。

上司与员工之间存在着一种比较复杂的关系，为了维持或处理这种关系，大多数员工整天都会想着去"看透上司的心"，而上司也想看透员工的心思。因此，便产生了这种"看透"与"反看透"的双重关系。上司是不可能在员工面前经常和颜悦色的，一是上司几乎每分钟都在思考工作，集中精力在事务上，许多时候会视而不见、听而不闻；二是人要每一分钟都保持微笑也是很累的，在下属面前的确不必强打精神，装作客气。所以，当下属的千万不要太敏感。

要熟悉上司的性格，应该主动与他多接触，多谈话，要克服因惧怕上司而造成的心理屏障和自己的自卑感。只要与上司熟悉了，就可从上司的举手投足、回眸顾盼中知晓其心理，达到内心的沟通。

1. 与冷静的上司打交道，不可自作主张

如果遇到冷静的上司，那么对于一切工作计划，你只需要提供意见，不要自作主张，等到决定计划后，你只要负责执行便可。至于执行的经过，必须有详细记载，即使是极细微的地方，也不能疏忽，这种一丝不苟的精神，详细记载的报告，正是他所喜欢的。但执行中所遇到的困难，你最好能自行解决，不必请求。

2. 与懦弱的上司打交道，要当心他身边的实权人物

懦弱的人，不适合当领袖，即使当领袖，大权也必不在手中，自有能者代为指挥。你必须看准代为指挥的人是什么性情，再图应对的方法。在这种处境下，你必须与实权人物处好关系，否则，必难有所发展。你要明白，他既取得代为指挥的权力，他的前后左右都是他的羽翼，有些是他特意安排的，有些则是中途依附的，这些人早已布成势力网。在这种情况下，只有当他的野心暴露，导致人心思汉，你才能有所作为。

3. 与热忱的上司打交道，采取不即不离的方式

你如果遇到热情的上司，逢他对你表示特别好感时，不要完全相信而认为相见恨晚。因为他的热情并不会持久，若想保持受宠不惊的常态，就要采取不即不离的方式。"不即"可使他热情上升的走势和缓，不致在短时间内便达到顶点，同时延长了彼此相处与了解的时间；"不离"可使他不感失望。如果你有所主张或建议，也要用零卖方法，不要整批发售，如此才能使他对你时时都感到新鲜。

4. 与豪爽的上司打交道，要突出自己的能力

如果你遇到的上司性格豪爽，那真是值得庆幸。只要善用你的能力，做出过人的工作成绩，绝对不用担心没有发展的机会。他自己长于才气，所以最爱有才气的人。唯英雄能识英雄，你是英雄，不怕他不赏识你；唯英雄能用英雄，你是英雄，也不怕他不提拔你。

5. 与傲慢的上司打交道，要谨守岗位

你的上司如是个傲慢人物，与其向他取宠献媚，自污人格，不如谨守岗位。一有机会，你就该表现出你独特的本领，只要你是个人才，不愁他不对你另眼相看。

6. 与阴险的上司打交道，要小心谨慎

阴险的人，城府极深，其人喜怒不形于色，怒之极，反有喜悦的假象，使你毫无防范；对不如意事，好施报复，对不如意人，设法剪除；由疑生忌，由恨生狠，轻拳还重拳，且以先下手为强，宁可打错了好人，也不肯放松了坏人；抱着与其人负我，不如我负人的观念。

如果你的上司不幸就是这种人的话，你只有兢兢业业，一切唯上司马首是瞻，卖尽你的力，隐藏你的智。卖力易得其欢心，隐智易使其看轻你，看轻你自不会防你，轻你自不会忌你。如此一来，或许倒可以相安无事。与这种上司相处并非是长久之计，如果希望有所表现的话，劝你还是从速做远走高飞的打算。

第十三章

这样掌控同事最有效

同事其实是很复杂的一个群体，这个群体中有各种各样的人，有君子，有小人，有好人，有坏人，有光明磊落的，也有阴险狡诈的，但你都必须和他们相处下去，因为你们是同事！大家聚在一起，朝夕相处，不管是为了工作，为了生活还是为了事业，都必须读懂同事的心，学会与同事交往，这样你才能在职场中游刃有余。

看透同事的心理

行走于职场，如果能洞悉同事真实的心理，将会使你在与同事的交往中得心应手，对你的工作甚至你的事业都大有裨益。看透同事的心理并不难，只要细心观察，看同事平常的表现就可略知一二。

1.假装忙碌的人

他们靠这种方法掩饰工作能力低下，避免他人对自己的能力产生怀疑，力图通过在别人面前装出一副努力工作的样子使同事，特别是领导不会轻视自己。而事实上他们的工作业绩却非常差，为了掩饰自己，保护自己的弱点不会被同事或上司发现，他们除了假装忙碌之外，别无选择。

2.厚己非人的人

懒惰是他们最大的性格特征。他们认真工作，忙忙碌碌，但却都是表面现象，在困难面前逃得比谁都快；总是用异样的眼光看待其他的同事，觉得他们不务正业，欺骗上司，好像谁都没有他们那样热爱自己的本职。其实他们最希望得到的是加薪和升迁，但懒惰的他们不会比其他的人多干一点，假使多干了一分钟，也要到处宣扬。

3.看上司脸色行事的人

这种人表里不一、情绪不稳定，只有在上司在场的时候，才会聚精会神地工作，而上司一旦消失，他们的干劲便会回落到谷底。他们在生活中也是玩着当面一套、背后一套的把戏，用一张伪善的面孔面对周围的人和事。

4.心不在焉的人

他们不重视谈话过程，自然不会在意谈话内容，即使用心听了，那也是粗枝大叶，丢三落四。这种心态的外在表现是他们办事容易拖拉，一延再延，因为他们根本就不知道自己应该做什么，而且得过且过；如果目标已经明确，条件也具备和成熟，他们却又往往无法把精力集中起来，或是一心二用，或是驰心旁骛，接到手中的任务往往不了了之，毫无责任感，终身难有所成就。

5.乘人不注意窥视他人的人

这种人心术不正，他们自身根本就没有什么特长或惊人之处，但却总是想着能够"不鸣则矣，一鸣惊人"。他们不知如何才能实现这个愿望，而现实当中又很少有人愿意理会这些空想家，结果使他们的自尊心受到很大的伤害。为了实现自己的白日梦，向世人证明自己的存在价值，他们学会了工于心计，善使机关。

6.凝视对方的人

凝视是一种意志力坚定的表现，他们往往不用过多言语和动作就已经显得咄咄逼人了，而且不管是男人还是女人，都表明他或她现在是充满力量的强者。如果眼光真的可以杀人，他们的凝视肯定可以成为致命武器，因为与这种目光接触，难免会有受到攻击的恐慌。其实，大多数人之所以凝视他人，只是为了想看穿对方的性格而已，并无实际攻击意图。

7. 动作夸张的人

哪怕是鸡毛蒜皮大的小事，他们也会小题大做，扰得周围的人不得安宁。但他们的本质是好的，并不是存心想要别人不舒服，之所以会这样，其实是按捺不住热情和好奇，认为光靠言语不足以表达心中炽热的感情，所以必须加进一些夸张的动作来表达自己的内心想法，以引起他人的注意。可是在他们的内心深处，通常存在着极度的敏感和不安，他们无法确定自己的这种方式能否被别人认可和喜欢。

8. 喜欢目光接触的人

眼睛是心灵的窗口，与别人目光接触，无疑是主动向对方展示自己的内心，表明既希望能够深入了解对方，也为对方了解自己敞开了大门。他们充满了自信和直爽，从不怀疑自己的动作会给他人带来不愉快。他们懂得为他人着想，所以做事专心，尽量满足大家的要求，希望做出好的成绩让公众认可自己，接纳自己；他们懂得礼貌在交际中的作用，能够把握分寸，非常适合需要面对面进行交流的工作。

以上是一些同事经常有的表现，通过这些表现，你可以看透同事的心理，进而掌控你的同事。

在危急时帮他一把

潘敏在某家塑料制品企业经营部。一天，经理心急火燎地过来问："杨丽呢，她的那份合同做好了没有？"今天恰巧杨丽出去办私事，临走时对潘敏说了一下。潘敏当时说："杨丽刚刚出去，可能上厕所了吧，您需要哪一份合同书？""就是与宏达塑钢窗厂签订的那一份合同，越到节骨眼儿上越找不着人！"经理答道。"杨丽一会儿就回来，我先找一下。"经理走后，潘敏马上给杨丽打电话，找到了那份合同，及时给经理送了过去。关键时刻潘敏解决了难题，杨丽非常感动。此后两个人的关系非常密切，成为红粉知己，杨丽对潘敏更是有求必应。

在工作中，一个人肯定会遇到各种各样的困难，在同事遇到困难时帮他一把，不仅播下人情，得到同事的感激，还为彼此的关系抹上蜂蜜，融洽而甜美。况且，帮助别人搬开脚下的绊脚石，有时恰恰也是为自己铺路——帮助同事即是帮助自己。在帮助别人时，任何一种努力都不会白费。帮助同事，既赢得了同事的尊重，更容易得到老板的器重，因为你在帮助同事的同时也向老板展示了自己的能力。

在同事有困难的时候帮助他，切不可以此作为人情记在心头，也不要沾沾自喜，自鸣得意，时常将对别人的帮助挂在嘴边。这样的人的帮助谁都不愿意接受。也不要期望对方给你回报，否则不但加深不了感情，反而落得个"势利"的帽子。

晓庄在设计单位计算机房工作，对计算机比较精通。其他科室的同事家里的计算机出了毛病后都喜欢找他帮忙。晓庄经常对那些曾经帮助过的人说："某某某，你还不请我吃一顿，你少花了好几十块钱呢。"有时没有饭局就直接找到他人家里，弄得他人特别反感。从此之后，很少有人再请他帮忙了。

同事间的相互帮助并不一定表现在工作上，有时生活中的小事会给人极深刻的印象，从而改变在工作中他人对自己的看法。

玛丽是一个单身女子，住在纽约的一个闹市中。有一次，玛丽搬一个大箱子回家。电梯坏了，玛丽只好自己扛着箱子上八层楼。约翰与玛丽是同事，但玛丽平时看不起约翰，有时还冷嘲热讽。因为约翰平时总是不在办公室，工作很差，有时还会弄巧成拙。此时，恰巧碰上约翰，约翰想帮玛丽把箱子搬上楼去。玛丽很难为情，约翰却主动上前，将箱子搬上楼去。事后，玛丽对约翰表示感谢，并开始重新认识他。经过交往，玛丽终于发现约翰的兴趣所在，并帮助约翰进入了另外的生活。

热心帮助同事，可以赢得同事的感激。你的热心会使同事也乐于帮助你，更能为你营造一个融洽的办公环境。

在背后赞美同事

在背后说别人的好话，会被人认为是发自内心，不带私人动机的赞扬。其好处除了能给更多的人以榜样的激励作用外，还能使被夸奖者在听到别人"传播"过来的好话后，更感到这种赞扬的真实和诚意，从而在荣誉感得到满足的同时，增强了上进心和对说好话者的信任感。

如《红楼梦》中有这么一段：

史湘云、薛宝钗劝贾宝玉做官为宦，贾宝玉大为反感，对着史湘云和薛宝钗赞美林黛玉说："林姑娘从来没有说过这些混账话！要是她说这些混账话，我早和她生分了。"

凑巧这时黛玉正来到窗外，无意中听见贾宝玉说自己的好话，"不觉又惊又喜，又悲又是叹。"结果宝黛两人互诉肺腑，感情大增。

因为在林黛玉看来，宝玉在湘云、宝钗、自己三人中只赞美自己，而且不知道自己会听到，这种好话就不但是难得的，还是无意的。倘若宝玉当着黛玉的面说这番话，好猜疑、小性子的林黛玉怕还会说宝玉打趣她或想讨好她呢。

你的每个同事都有自己的过人之处和引以为自豪的东西，只是这些优点有时不能够为领导或其他同事发现。此时如果你充当一个发现者的角色，在背后赞美他，他知道后会对你非常感激的。

表面的赞美有时会令人很尴尬，但背后的赞美却会收到奇效。不要担心别人不知道你为他做了些什么，世上没有不透风的墙。

宁伟比较热心，经常利用休息时间去看望邻居家的孤寡老人，帮助他们做事。在一年前，他递交了入党申请书。一天，他的同事蔺英发现了这个秘密，回来后对其他同事装作不经意之中谈起这件事情。宁伟照顾孤寡老人的事情不胫而走，不久，公司党委鉴于其表现，同意接受宁伟为预备党员，并且任命其为公司团委书记。后来，宁伟得知是由于蔺英的"告密"自己才走上这条坦途的，对蔺英心存感激，不久，蔺英被任命为部门负责人。

有很多领导喜欢在背地里打听其他同事的情况，此时应该多加赞美。对于那些原来在领导心目中很普通的同事更应该如此。那么这样会不会使能力强的同事失宠呢？答案是否定的，领导自有自己的打算，你的话他只作为参考。

当领导当众批评了某位同事后，在有机会的条件下，与领导单独相处时，不妨在领导面前替他美言几句。领导毕竟了解有限，也许只了解到同事的一面，这时，你的赞美就成为领导的另一个窗口，对同事的帮助能起到关键性的作用。

当面说和背后说是不同的，效果也会不一样。在背后说同事的好话，能极大地表现你的"胸怀"和"诚实"，有事半功倍的效果。多在第三人面前赞美同事，被赞美的同事必然认为那是真的赞美，毫不虚伪，于是真诚地接受，对你感激不尽。

看懂同事中虚伪的人

向阳是某公司的销售人员，他的同事文良是公司里公认的好人，工作态度端正，平常乐于助人，特别是和同事相处，向来都是笑脸待人。因此，同事们对他的评价都比较高。

向阳却不这样认为。每次看到文良，包括他的一举一动、每一个表情、每一句话，向阳都觉得恶心，心里特别难受。其实，最初他对文良也是比较有好感的，觉得他为人处世各方面都挺不错。一次偶然的机会，使他彻底改变了对文良的看法。

一天中午，向阳去找销售部经理，想请假办点事。走到经理室门口时，忽然听到文良在里面对经理说着什么，好像提到他的名字。他仔细一听，才听清了文良是在经理面前说他和另一位同事的坏话，并借机抬高自己，等等。

从此，向阳便从心里对文良产生了厌恶，因而便有一种排斥感。无论文良在他面前表现得多么友好，说什么样中听的话，他内心都始终想着文良在经理面前的所作所为，无形中增加了一份戒备心理。

过了一段时间后，公司的人都识穿了文良的真面目，再也没有人与他"近距离"接触了。

职场中，人际关系复杂，做人做事还须多加留意的好。

小石与小南是同事，在所有同事中，他俩处得最好。因为她总在小石加班的时候给小石送点小零食什么的，小石就觉得小南对她非常好，非常懂得体贴人。

但是，就在小石陶醉在小南对她的友好中时，却突然发现这背后竟然有一个阴险的目的。那天小石把自己的策划交给上司，不想上司当时脸色就很难看："我本来很看重你的才华和敬业精神，没有新点子也没什么，但你不该抄袭其他同事的创意。"

小石很吃惊，发现上司手中的策划竟然和她的很相似，而策划人竟是小南！

小石很不服气，但此时解释一点用处也没有。

后来小石接了个很重要的案子，在同事的建议下，小石采取了相应的措施。这回，小石从自己的新点子里筛选出两个方案，做出Ａ、Ｂ两份策划书，明里还是不避小南，但暗地里她已把Ｂ策划书做好并交给了上司。

同时也将自己的Ａ计划书给了上司，并对上司说："Ａ计划书是我给小南看过的资料，Ｂ计划书是我秘密制作的资料。"

果然，不久之后，小南交上了一份和Ａ策划书颇为相似的文案，明白真相后的上司非常恼火，他请小南另谋高就，而小石的成果也保住了。

同事中也会有一些戴着面具、以虚伪之态对人的人，他们习惯伪装自己，暗地里只关心自己的利益，为了自己不惜陷害别人，或者窃取别人的成果。与这样的人相处，我们一定要看透他的虚伪面具，以免被他卖了还帮他数钞票。

怎样对付争功的同事

你是否有过以下的经验？一天，一位与你熟稔的同事向你提出建议，一起合作帮助上司整理历年来的开会资料记录，虽然此举会增加工作负担，却不失为一个表现的好机会，可以博取升职与加薪。你对于这样的提议大表欢迎，甘愿每天加班完成额外的工作，甚至没有发出丝毫怨言。可是，你怎样也想不到，对方竟然把全部功劳归为己有，在上司面前邀功，结果他获得上司的提拔，而你却一无所获。

一开始，你还不太在意，渐渐连其他同事也看不过眼，谣言开始满天飞，令你再也难以忍受这一切。

这时候如果你公开地表示不满，只会把事弄坏，给某些不怀好意的人以更多挑拨离间的机会，得不偿失。

你向上司或老板投诉以表明态度也不是妙法，这样容易变成"打小报告"，人家只会以为你"争宠"、"妒才"，甚至是"恶人先告状"，无端留下坏印象，错上加错。

每当做完自认为圆满的工作，要记得向上司、同事报告，别怕人看见你的光亮；当有人来抢夺属于你的功劳时，也要坚决捍卫。

一般来说，你可以选择这样的方式来捍卫自己的这些成果：

1. 想法和创意提前提出

很多时候，你在不经意间提到的想法和创意很可能被你的同事拿去使用。所以，一定要注意，有什么好的想法和创意，一定不要随便说出，先想好了，有了十足的把握就去和上司谈。

2. 用短信澄清事实

当然，首先要确保短信不能带来任何坏的影响，短信内容一定不能让对方产生不悦。写短信的主要目的是要委婉地提醒一下对方，自己当初随便提出的想法，是怎样演变到今天这个令人欣喜的样子。在短信中，你可以写上有关的日期、标题，可以引用任何现存的书面证据。

在短信的最后要建议进行一次面对面的讨论，这是很重要的，这能让你有机会再次含蓄地加强一下你的真正意思：这主意是我想出来的。

3. 背后重申功劳是自己的

说这番话的时候，要再一次对这位同事的独一无二的才能和见解大加赞赏。这种方法对职业男性来说特别需要。很多研究者发现，男性员工喜欢从"我们"的角度——而不是"我"的角度来做事，所以他们的想法和首创就常常会被女性同事挪用。如果着眼于事情的积极一面——你的同事也是想方设法要干出最好的工作，而且他（她）对要做的事情也有独到的看法——也许会有助于你解决这个可能很棘手的问题。

4. 不着急和他人夺功

不着急和他人争功，并不是不争，而是要找准时机，安排自己的语言，夺回属于自己的功劳。

在做出决定时，要考虑打这场"官司"得花费多少精力。如果你正在准备一次重要的提升，这种证明"所有权"的行为只能使你疲惫不堪，或许还会让你的上级生气，让他们纳闷你为什么不能用这个时间来做点更有意义的事情，在这些情况下退出争夺战显然是上上之策。

化解同事的敌意

同事与你在一个单位中工作，几乎日日见面，彼此之间免不了会有各种各样鸡毛蒜皮的事情发生，各人的性格、脾气禀性、优点和缺点也暴露得比较明显，尤其每个人行为上的缺点和性格上的弱点暴露得多了，会引出各种各样的瓜葛、冲突。这些瓜葛和冲突有些是表面的，有些是背地里的，有些是公开的，有些是隐蔽的。种种的不愉快交织在一起，便会引发各种矛盾。

同事之间有了矛盾，仍然可以来往。首先，任何同事之间的意见往往都是起源于一些具体的事件，而并不涉及个人的其他方面。事情过去之后，这种冲突和矛盾可能会由于人们思维的惯性而延续一段时间，但时间一长，也会逐渐淡忘。所以，不要因为过去的小分歧而耿耿于怀，只要你大大方方，不把过去的事当真，对方也会以同样豁达的态度对待你。其次，即使对方仍对你有一定的成见，也不妨碍你与他的交往。因为在同事之间的来往中，我们所追求的不是朋友之间的那种友谊和感情，而是工作的成果与效率。彼此之间的矛盾只要不影响工作的进行就没有关系。由于工作本身涉及双方的共同利益，彼此间合作能给对方带来更多的好处。如果对方是一个聪明人，他自然会想到这一点。这样，他也会努力与你合作。如果对方执迷不悟，你不妨在合作中或共事中向他点明这一点，以利于相互之间的合作。

与同事有了矛盾并不可怕，只要我们能够面对现实，积极采取措施去化解矛盾，你与同事仍会和好如初，甚至比以前的关系更好。

要化解同事的敌意，你不妨采用以下几个技巧：

1.主动向他示好

既然他对你的敌意十分明显，在这种情况下，你就不能佯装不知了，而应当主动向对方示好。你可以在没有其他同事在场的情况下问他："我究竟有什么不对呢？"一般情况下，他会冷冰冰地回答你"没什么不妥"。此刻，你也许觉得自己是自找没趣，不知该如何是好，其实你完全可以巧妙应对。

既然他说没有不妥，你就乘机说："真高兴你亲口告诉我没事，因为万一我有不对的地方，我乐意改正。我很珍惜咱俩的合作关系。一起去吃午饭，如何？"

这样，就可逼他表态。要是一切如他所言的没事，共进午餐交流感情则是很自然的事。或者，邀他与你一起吃下午茶。在你离开办公室时，开心地跟他天南地北地聊一番。总之，尽量抓住与他沟通的机会。友善的态度，对方怎样也拒绝不得！

2. 勇敢地承认自己的错误

如果同事对你的敌意是由你的不当行为而引起的，你就应勇敢地承认自己的错误。这样不仅可以有效地防止对方对你的进一步攻击，避免你们之间的关系进一步恶化，同时，还可以挽回你与同事之间的合作，迅速扭转不利局面。

承认错误，最佳和最有效的策略是，向他道歉："对不起，我实在有点过分，我保证不会有下一次。"

记住，在道歉时千万不要重提旧事，要是你重提旧事，企图狡辩些什么，只会导致新的冲突，同时，也显得你缺乏诚意，人家日后再也不会相信你了。记着，你的目标是将事态扭转，与同事化敌为友。所以，最好静待对方心情好转或平和些时，再正式提出道歉。

3. 巧妙地赞赏对方

任何一个人都不会拒绝他人真心实意的赞赏。巧妙地赞赏别人，这是你搞好人际关系的一大秘诀。当对方是处处与你为敌的同事时，你更应当充分运用这一手段来化解对方对你的敌意。

4. 对你的同事微笑

对你身边的每一位同事微笑，尤其是那些对你不满，怀有敌意的同事。微笑可以感染别人，如果你平常总以亲切的微笑对待同事，即使对那些与你为敌的同事也如此，那你的同事关系一定会处理得很好。至少在工作中与你为敌的同事会感到你的友善，也许以后就不会再像以前那样对待你了，俗语"伸手不打笑脸人"说的就是这个意思。

5. 表示你的尊重

认真倾听对方的话，表现出对他的礼貌和尊重。向对方表示你需要其帮助，就是让这位同事知道你需要他。当然，你是否真的需要，那则是另外一回事。我们就是要利用这样的一种策略，抬高对方的自尊，对方一高兴，就可以淡化矛盾，减少或消除敌对情绪。你可以提出，自己在工作中，需要你的同事提供意见或指导。如果你要把这些问题进一步加以确定，你的同事大概也不会反对。

6. 关注对方的成绩

你一定要时刻关注对方取得的成就。你的同事的成就，即使是与工作无关的，也能够成为你们之间建立感情的桥梁。要记住，对别人的行动和成就表示真正的关心，是一种表达尊重与欣赏的方式。之所以很多敌意的对话变成了平静的交流，是因为其中的一方能够不去关注争执的词句，而是注意对方强有力的声势。

如果你的同事处处反对你是出于要证实他自己的能力，那么你承认对方在工作中某一方面的特长，就很有可能会平息冲突。

你做出以上努力以后，基本可以化解同事之间的矛盾。如果遇上一些顽固不化的人，在你做出努力后，他仍然不愿意和你和解，你也不要难过，遇上这样的人，谁也没办法。你只管放心地去工作，别理会这类人就是了。

调动不同类型的同事

公司是社会的缩影，每种性格的人在公司里都有可能遇上，有些还是工作当中无法回避的麻烦人物。面对不同性格类型的人，如何调动他们，以使大家融洽相处，促进工作顺利进展呢？

1. 推卸责任的人

对那些习惯推卸工作职责的同事，在请他们协助工作时，目标必须明确，时间、内容等要求要讲清楚，甚至白纸黑字写下来，以此为证据。他们往往会提出借口减轻自己的责任，此时不仅不能动摇还要温和地坚持原来的决议，表达你知道工作有困难，但还是需要在一定范围内完成的期望。

如果他们试图把过错推给别人，不要被他们搪塞过去，你只需坚定地明确责任的归属，并促使他达成原定的目标。如果他们真的遇到问题，除非必要，你不用主动帮他们，以防止他们继续对你使用这招以摆脱工作。

必要的话，请主管在不影响整体工作的情况下，重新协调工作分配，以达成工作目标优先的目的。

2. 过于敏感的人

一些同事生性敏感，应尽量避免在其他人面前对他们做出负面的评语。即使像"有点"、"可能"、"不太"这类有所保留的语气，都会让他们心乱如麻，因此在批评时应尽量客观公正，慎选用词，指出事实就好。尤其要让他们了解你只是针对事情本身提出意见，而不是在对他们做人身攻击。

对于他们过度的反应，你不要也跟着乱了手脚急于辩解，那可能会愈描愈黑，只要强调事情本身就好。提出意见时也同时指出他们的优点，以及表现出色的地方，以建立他们的自信心。

3. 喜欢抱怨的人

他们之所以抱怨，是因为他们在意事情的发展。如果抱怨的内容跟你负责的业务有关，最好能有立即的响应或改善；如果他们抱怨的是无关紧要的琐事，听听就算了，也不需要动气反驳。遇到问题时，问问他们觉得最好的解决方法是什么，怎么样才能避免问题再度发生，将他们的力气引导到解决问题的方法上。

如果你们合作一项工作，最好时时询问他们有没有问题，如果他们说没有，以后就不会抱怨。

4. 喜怒无常的人

有些同事属于黏质型的，会喜怒无常。当他们表现得喜怒无常时，不要回应他们无理的行为，找个借口如倒杯水、拿东西等离开现场，等他们冷静一点再回来。面对他们的情绪失控，不要受其感染，应以冷静、客观的态度对待，陈述事实即可，不需辩解。一旦他们恢复理智，要乐于倾听他们的谈话。万一他们中途又开始"抓狂"，就立即停止对话。

如果他们这种行为表现过度，且是经常性的，并影响到工作，在他们能理性沟通时，应告诉他们办公场所是不能随心所欲的，让他们知道会吵的小孩不一定有糖吃。

5. 特立独行的人

对那些特立独行的同事，要尊重他们的喜好，不强迫他们参与需要跟很多人接触的聚会或活动。要承认他们也有很多优点，例如有能力独力完成工作、能仔细处理细节问题，等等。当需要这些长处时即可请他们帮忙。

他们既然喜欢独来独往，分配工作时可协调让他们自行负责可独力完成的部分，减少造成彼此困扰的机会。有时通过电话沟通会比面对面沟通容易，所以尽量少进入他们的办公室与他们谈话，用内线交谈反而效果更好。

真的需要他们帮助做额外的工作时，不要用命令的语气，而应该让他们知道你是真诚地请求他们协助。如果他们拒绝，也应该欣然接受，让他们知道你尊重他们的决定。必要的话，不妨提出双边交易，例如这次你帮我这件事，我可以帮你另外那件事，感谢他们也激励他们。

6.沉默的人

办公室里总有一些不善说话，只默默工作的同事。在与他们说话时不能语带威胁，要不带情绪并放低姿态。

花时间与他们一起将每个工作步骤写成白纸黑字，了解彼此对工作的认知。尽量让他们做自己分内的工作就好。

尽量多问一些开放性的问题，鼓励他们说话，如果他们一时无话可说就耐心等待，给他们时间思考，不用为彼此之间的沉默觉得不自在。称赞他们的成就，以符合他们需求的方式鼓励他们。

7.固执的人

对待这样的同事，仅靠你三寸不烂之舌是难以说服他的，你不妨单刀直入，把他工作和生活中某些错误的做法一一列举出来，再结合眼下需要解决的问题提醒他将会产生什么严重后果。这样一来，他即使当面抗拒你，内心也开始动摇,怀疑起自己决定的正确性。这时,你趁机摆出自己的观点,动之以情，晓之以理，那么，他接受的可能性就大多了。

8.清狂高傲型

对清狂高傲的同事，你根本用不着与之计较，他喜欢吹嘘自己，那就由他去吧。就是他贬低了你，你也不要去与他们争论，更不可低三下四，你只需长话短说，把需要交代的事情交代完即可。

所以，在公司里，面对不同类型的同事，要把握他们各自的性格特点，积极调动，营造一个和谐融洽的工作氛围。

应对城府太深的同事

所谓城府太深的同事，指的是工作中那种不愿让别人轻易了解其心思，总是企图通过各种方式保护自己，深藏不露的同事。这种同事往往说话不着边际，对任何问题都不做明确的表态，经常是含糊其辞，顾左右而言他。

与城府太深的同事打交道，你得多长点心眼，对他们要有所防范。你一定要对自己的言行多加注意，警惕不要为人所利用，并成为他的工具，更不要让他完全得知你的底细。

有些同事之所以城府太深，不愿与其他同事进行交流，是因为他（她）可能是一位曾经有过挫折，并受到过打击和伤害的人。过去的经历使这种人对社会、对别人都有一种十分强烈的敌视态度，从而对自己采取更多的保护。

这样的同事往往是"一朝被蛇咬，十年怕井绳"，过去的失败经历使他们不愿意再向任何人敞开心扉，他们城府太深也不是因为自己的心机过于复杂，想算计什么人或什么事，而是为了保护自己，使自己不再受丝毫的伤害。他们认为只要自己关紧心灵的大门，别人也就无法再伤害自己。

这样的同事内心实际上是很孤独的，他（她）也许非常渴望与人交流，但是又害怕再次受到伤害，于是将自己层层包裹起来不与任何人接近。

对于这类同事，我们不应该冷漠待之，而应该坦诚相见，以诚感人。这种人的城府并不是为了害人，而是为了防人。所以，你对这样的同事不应有什么防范，为了真正达到沟通的目的，甚至也可以毫不保留地向他（她）敞开你的心扉。

而在工作中有些同事显得城府颇深，令人无法了解其内心，而实际上则可能是他对某些事情缺乏了解，拿不出有价值的意见。在这种情况下，为了掩饰自己的无知，从而以一种未置可否的方式、含糊其辞的语气与人交往，并装出一种城府很深的样子。

针对这类同事的特点，我们应当注意：在与他们相处时，不要对其穷追不舍，让对方感到很没有面子，更不要故意当众揭穿其内心的无知。总之，对某些城府太深的人，如果你不得不与之打交道，则应该慎重对他们加以区分，看其属于哪一类人，然后再确定自己的行为方式。

第十四章

"制伏"下属是一门学问

下属虽身处下位，却也会人心异动。此刻，领导者要有意识地影响下属，做到潜移默化、不知不觉，这就是一门学问。真正的领导者，不仅要做到尊重、认可、关心下属，还要能"制伏"下属，笼络住他们的心，下属才会做载舟的水，把你的人生和事业推向成功的彼岸。

看懂下属的心很重要

每一个单位里都会有非常虚伪的人。一些投机者、献媚者、伪善人、势利小人等都善于伪装。他们当面一套，背后一套；表面一副样子，内心又是另一种想法。所以，看懂你的下属的真心对你事业的成败十分重要。

北魏节闵帝时期（公元 531 年），尔朱荣把持朝政，另一个大臣贺欢带兵攻打尔朱荣，以清君侧为名，因此能得人心，聚集了正面力量，最后功成，杀了尔朱荣一家。

尔朱荣的弟弟尔朱世隆在外省为将，招兵买马，准备报仇雪恨。他的一个部将叫房弼，时任青州刺史，是一员著名的猛将，对尔朱氏一家一向忠心耿耿。他召集部下，欲割手臂上的血为盟，以齐心协力、尽心尽力去帮助尔朱世隆。

都督冯绍基是房弼的助手，深得房弼的信任。他对房弼献计说："现在天下大乱，人心不齐，要表现真诚之心，如果冒着严寒，割心前之血为盟，岂不是更能得天下人之心？"房弼是个血性之人、直肠子，将心比心，认为这个主意很好，就召集所有部下和当地老百姓，当着众人的面，在冰天雪地里，赤裸着上身，气壮声雄地叫冯绍基动手。

冯绍基举刀割房弼胸前时，出乎意料地轻轻一推，就把房弼杀死了，然后带着人马投奔了节闵帝。

可见，对手下的人判断不准，把奸贼当忠臣看，不能够知人善用，最后将会死于非命。

作为领导人，如何练就一双火眼金睛，不被心术不正的下属所蒙骗呢？领导不妨调整自己的心态，试试下面的做法：

第一，心中有杆秤。人常说心明眼亮，实际上"眼亮"是由于"心明"，要想"心明"就要掌握人们言行的规律，谙熟这些规律，再结合实际情况进行具体分析，就会辨别真伪。言为心声，人们的言行都受心理活动的制约，能够表现出一定的本性和习惯。所以，领导一定要时刻关注下属的真实动机及其性格，略一对照就可以看出狐狸的尾巴。

你的下属每天均会留意你的表现，你表情的阴晴变化都显示你当天的情绪。你应当进行双向沟通，也就是说你在被下属了解的同时，也要对下属进行长时间的观察和了解。要善于观察下属，看看你的下属都是些什么人。许多高层领导容易被居心不良的下属所蒙骗。这些领导喜被下属奉承，自己却永远不去了解下属，也不根据客观信息去判断，而一味地轻信某些人。

第二，提醒自己，经常恭维你的人，他的表现很可能是不真实的。领导必须要牢记一句话，那就是：当面怕你的人并非胆小怕事，他背后一定恨你。在很多时候，有的人表现出一副忠厚老实的样子，其实这是一种伪装，这种人虽然很善于伪装自己，但却往往包不住内心的虚伪。领导只要足够细心并善于分析他所说的话及所做的事的目的，那么他们的企图是不难识破的。遇到这种假意奉承，勉强附和的人，领导千万不要被他的巧言所迷惑。这类人往往怀有不可告人的目的，对公司的发展是极为不利的。

第三，行动是最重要的信息。有的人在事不关己的时候，往往会表现出极大的热情，会说一大堆不痛不痒的漂亮话，而一旦遇到与自身有利害冲突的事情的时候，马上又会换出另一副完全不同的面孔。这种人的热情善良都是虚伪的。对于这种人，千万不要指望他能为公司做出什么好事。

另有一些人则轻于承诺，在表面上看起来爽快能干、热心、坚定，但是实际上却是很没有信用的。这种人往往当面一套，背后一套，事后又会找出各种理由替自己辩解，所以不要轻易相信这种人。相反，有些人的表现看起来是笨笨的，而实际上对一切事情都十分明白，这些人往往大智若愚，从不轻易许诺，但是一旦许下，多半都会做到。

所以，要看懂下属的真心，须静观其所作所为，从他的一言一行中把握住他那种似是而非的作风。并以此考察他的动机与行为，特别是行为，是判断一个人的真正标准。

检测下属本性的7种方法

在识人用人时，有些领导者往往被下属的外表和漂亮的言辞所欺骗，委以重任，结果却因用人不当而满盘皆输。

怎样才能避免"以貌取人"的错误呢？一个领导者要想看出一个下属到底能否担当重任，可以采用以下8种检测方法：

1. 多向下属提问，获得对下属深层次的了解

社会生活的复杂性主要表现在事与事之间存在着直接或间接的联系，这就要求无论是做什么事，都要尽可能地了解其深层次的原因，然后，一个层次一个层次地去解决。老板如果能养成习惯，在遇到问题时，多征询下属的意见，从他们的答案中，可以逐渐了解他们对问题的认识角度、解决方案、真实动机等。所谓问之以言，以观其详，讲的就是这个道理。

2. 必要时，可以故意把秘密说给他听

有时候，老板也可以故意向某个下属提供一些假情报，只要泄漏了出来，马上就知道他不能守口如瓶。如果一个人不能守口如瓶，他是不能办好事的。在信息社会里，商业竞争，除了资金、人才的竞争，更多是技术核心的较量，由此，保守商业秘密是人才的最起码的标准。所以当一个老板发现下属不能保守秘密时，千万不要把重大的问题交与他去处理，否则就容易把事情搞砸。

3.追根问底，以此来测定真假虚实

有些人在回答问题时，只是敷衍塞责，可能会说得很漂亮，但是经不起进一步的追问。另一些人虽然回答简单，但是却总能道出实情，也显得比较自信。所以老板可以抓住某一个问题，不断地追问，密切观察对方的反应。如果对方显得惶惶不安，则表明他刚才的回答大有问题；如果对方显得很坚定，安如泰山，则表明他的确讲了真话。这一做法和现代的某些测谎手段有些类似，不过的确很有用。

4.故意让他经手钱财，看他是不是廉洁

一个公司的生存与发展离不开对财务的正确管理。如果公司内部的员工没有清廉的作风，那么，公司很难再立足下去。怎样看部下是否清廉呢？最好是在实践中观察他。可以让他经手一些钱财，看他在办理这些事情的过程中有没有贪污的倾向，即使没有，也要看他是否有接受贿赂的倾向，因为钱财的问题可能会涉及多方的利益，所以在这个过程中也就很可能有人行贿。如果部下因此受贿而在处理钱财时故意偏袒某一方，则就表明他私欲太强，而且说不定什么时候也会将公款中饱私囊，对这种人一定要小心提防。

5.把困难摆在他面前，以测试他的勇气

一般人对困难的事情都会有不同程度的畏惧，没有足够的胆识和勇气是不会勇于承担责任的。所以，可以故意把困难的事情告诉他，如果他表现得为难或胆怯，则表明他不足以成大事。相反，如果他勇于承担而又确实有信心，则完全可以委以重任。

让下属心服口服的方法

下属的心难以捉摸，且他们随时陪侍领导身边，对领导的决策有着重大影响。此时领导不如采取一些策略，于不知不觉中让下属心服口服。

蜂须贺是日本四国德岛藩族的开国始祖，他对于驾驭部下十分在行，至今我们还可以在一些稗官野史中，看到一些有关他洞察人心的记载，他经常使用一种策略试探法。

在某一个寒冬的日子里，蜂须贺对随侍身旁的一个家臣说道："这么寒冷的天气，你的脚想必已经冻僵了，我原来想找出我那双旧袜套送给你保暖，可是找来找去，只找到一只，虽然一只袜套没办法穿，不过为了表示我的一点诚意，希望你能收下这只单独的袜套。"

大约过了一个月以后，有一天蜂须贺忽然又把那位家臣找来，告诉他说："我找到了另一只袜套，现在你把原来那只袜套拿出来，就可以凑成一双穿起来了。"

蜂须贺所以这样做，是要从家臣对他所赏赐东西的收藏态度，来试探这个家臣事主的忠诚如何。

德岛城值勤人员的分派，通常是先排好轮班次序，写成名单贴在墙上，再由家臣按照名单顺序派员值勤。身为家宰的蜂须贺就经常利用临时变换值勤人员次序的方法，来试探家臣的反应。

一天，一位值班人员知道当天的值勤顺序又有所变更，于是脱口说出："为什么经常变更次序，真不知用意何在？"

正好在邻室的蜂须贺听到这句话，便语意深长地回答："我的心意如果都被你们知道了，那我还能有什么作为？"

领导要看透下属的心，但切忌让下属猜透你的心意。保持一种神秘感，有助于你树立威信，从而轻松掌控他们。

某县县令庞敬，最懂得人的心理，在一次派遣部属巡察的时候，表现了他的高明手法。他先派遣一名部属巡视，然后在他正要执行任务的时候，又突然把他召回，令他守候在外等待命令；一段时间之后，又发布命令，让他继续巡视工作。于是这名部属心生疑惑，认为其中必有缘故，因此，在巡察之时，不敢稍有怠慢。就这样，庞敬达到了控制部属的目的。

对明明知道的事假做不知，也可以达到试探对方的目的。

战国时期的韩昭侯有一天在剪指甲的时候，故意将一片剪下的指甲屑放在手中，然后命令近侍："我把刚才剪下的指甲屑弄丢了，心里毛毛的，很不是味道，快点帮我找出来。"

众人手忙脚乱地找了一阵之后，谁也没找到。这时，有一位近侍偷偷剪下自己的指甲呈上，禀报说找到了。昭侯由此发现他是一个会说谎的人。

又有一次，昭侯命令属下四处巡视，察看是否有事发生，结果属下回报说没有动静，经昭侯再三追问，才告知南门之外，有牛进入旱田偷吃了谷苗一事。

昭侯听完之后，命令报告的人不准泄漏这个消息，然后派遣其他的人出外巡视，并且告诉他们：

"近来发现有违反禁令，让牛马牲畜践踏旱田的行为，你们速去探知，快来回报。"

不久之后，所有的调查报告都呈了上来，但其中并没有一件是关于南门外事件的报告，昭侯于是大发雷霆，命令属下重新严加调查，终于查出了南门外发生的事件。

从此，部下都畏惧昭侯料事如神的能力，再也不敢马虎从事了。

当然，如果领导者尽做些干扰、怀疑下属的事情，而不从其他方面加以体恤的话，下属很有可能因为对你反感而生叛离之心。

古往今来，许多掌握大权的人，往往会为了巩固自己的地位和树立自己的权威而施策略试探属下。不过，在使用策略的时候，不要一成不变，否则很容易被下属察觉而失败。

原谅下属的过失

宽容，应该是每一个领导应具备的美德。没有人愿意为斤斤计较、小肚鸡肠，犯一点小错就抓住不放，甚至对下属打击报复的领导去卖力办事。

尽可能原谅下属的过失，这是一种重要的笼络手段。对那些无关大局之事，不可同下属锱铢必较，当忍则忍，当让则让。要知道，对下属宽容大度，是制造向心效应的一种手段。

汉文帝时，袁盎曾经做过吴王刘濞的丞相，他有一个从侍与他的侍妾私通。袁盎知道后，并没有将此事泄露出去。有人却以此吓唬从侍，那个从侍就畏罪逃跑了。袁盎知道消息后亲自带人将他追回来，将侍妾赐给了他，对他仍像过去那样倚重。

汉景帝时，袁盎入朝担任太常，奉命出使吴国。吴王当时正在谋划反叛朝廷，想将袁盎杀掉。他派五百人包围了袁盎的住所，袁盎对此事却毫无察觉。恰好那个从侍在围守袁盎的军队中担任校尉司马，就买来二百石好酒，请五百个兵卒开怀畅饮。兵卒们一个个喝得酩酊大醉，瘫倒在地。当晚，从侍悄悄溜进了袁盎的卧室，将他唤醒，对他说："你赶快逃走吧，天一亮吴王就会将你斩首。"袁盎问起："你为什么要救我呢？"校尉司马对他说："我就是以前那个偷了你的侍妾的从侍呀！"袁盎大惊，赶快逃离吴国，脱了险。

战国时，楚庄王赏赐群臣饮酒，日暮时正当酒喝得酣畅之际，灯烛灭了。这时有一个人因垂涎于庄王美姬的美貌，加之饮酒过多，难于自控，便乘黑暗混乱之机，抓住了美姬的衣袖。

美姬一惊，左手奋力挣脱，右手趁势抓住了那人帽子上的系缨，并告诉庄王说："刚才烛灭，有人牵拉我的衣襟，我扯断了他头上的系缨，现在还拿着，赶快拿火来看看这个断缨的人。"

庄王说："赏赐大家喝酒，让他们喝酒而失礼，这是我的过错，怎么能为要显示女人的贞节而辱没人呢？"于是命令左右的人说："今天大家和我一起喝酒，如果不扯断系缨，说明他没有尽欢。"群臣一百多人都扯断了帽子上的系缨而热情高昂地饮酒，一直到尽欢而散。

过了三年，楚国与晋国交战，有一个臣子常常冲在前边，最后打退了敌人，取得了胜利。庄王感到惊奇，忍不住问他："我平时对你并没有特别的恩惠，你打仗时为何这样卖力呢？"他回答说："我就是那天夜里被扯断了帽子上系缨的人。"

从这里，我们不仅看到了袁盎和楚王的宽宏大度，远见卓识，也可以洞悉他们驾驭部下的高超艺术。

无独有偶，公元 199 年，曹操与实力最为强大的北方军阀袁绍相拒于官渡，袁绍拥众十万，兵精粮足，而曹操兵力只及袁绍的十分之一，且粮草不足，明显处于劣势。当时很多人都以为曹操这一次必败无疑了。曹操的部将以及留守在后方根据地许都的好多大臣，都纷纷暗中给袁绍写信，准备一旦曹操失败便归顺袁绍。

相据半年以后，曹操采纳了谋士许攸的奇计，袭击袁绍的粮仓，一举扭转了战局，打败了袁绍。曹操在清理从袁绍军营中收缴来的文书材料时，发现了自己部下的那些信件。他连看也不看，命令立即全部烧掉，并说："战事初起之时，袁绍兵精粮足，我自己都担心能不能自保，何况其他的人！"

这么一来，那些动过二心的人便全部放了心，对稳定大局起了很好的作用。

这一手的确十分高明，它将已经开始离心的势力收拢回来。不过，没有气度的人是不会这么干的。原谅下属的过失，让下属知道你的胸怀大度，他会心甘情愿为你做任何事。

让下属知道你"疼"他

冯异是刘秀手下的一员战将，他不仅英勇善战，而且忠心耿耿，品德高尚。当刘秀转战河北时，屡遭困厄，一次行军在饶阳滹沱河一带，矢尽粮绝，饥寒交迫，是冯异送上仅有的豆粥麦饭，才使刘秀摆脱困境；他还是首先建议刘秀称帝的人。他治军有方，为人谦逊，每当诸位将领相聚，各自夸耀功劳时，他总是一人独避大树之下。因此，人们称他为"大树将军"。

冯异长期转战于河北、关中，甚得民心，成为刘秀政权的西北屏障。这自然引起了同僚的妒忌。一个名叫宋嵩的使臣，四次上书，诋毁冯异，说他控制关中，擅杀官吏，威权至重，百姓归心，都称他为"咸阳王"。

冯异对自己久握兵权，远离朝廷，也不大自安，担心被刘秀猜忌，于是一再上书，请求回到洛阳。刘秀对冯异的确也不大放心，可西北地区却又少不了冯异这样一个人。为了解除冯异的顾虑，刘秀便把宋嵩告发的密信送给冯异。这一招的确高明，既可解释为对冯异深信不疑，又暗示了朝廷早有戒备。恩威并用，使冯异连忙上书自陈忠心。刘秀这才回书道："将军之于我，从公义讲是君臣，从私恩上讲如父子，我还会对你猜忌吗？你又何必担心呢？"

说是不疑，其实还是有疑的，有哪一个君主会对臣下真的信任不疑呢？尤其像冯异这样位高权重的大臣，更是国君怀疑的重点人物，他们对告密信的处理，只是做出一种姿态，表示不疑罢了，而真正的目的，还是给大臣一个暗示：我已经注视着你了，你不要轻举妄动。既是拉拢，又是震慑，一箭双雕，手腕可谓高明。

汉高祖刘邦在天下大定之后，在一片等待论功行赏的气氛当中，却只是先分封了二十多名功劳最大的部将，其他在他眼里说大不大、说小不小的部将，如何分封都还在斟酌考量、伤透脑筋当中。

等待当然是一个煎熬的过程。这些自恃功劳不凡的部将个个无不伸长脖子，望眼欲穿，而且生怕论功不平、赏赐不公，天天红着眼珠，大眼瞪小眼，一个个显得焦虑难安，不仅同僚之间钩心斗角，与刘邦之间也衍生出相当紧张的气氛。

有一天，刘邦正在南宫悠闲地散步，忽然远远地看见很多部将聚集在一起指手画脚、交头接耳。刘邦看了，心中觉得不安，难免开始疑神疑鬼，于是便传唤张良前来，想听听他的想法。

张良有些沉重地回答他说："陛下来自民间，依靠这些人打得天下，过去大家都是平民百姓，平起平坐。现在你成为天子之后，先分封的人大部分都是故交旧友，所诛杀的人是关系较疏远的人，不然就是得罪你、让你看不顺眼的人。因此，他们聚在一起，有可能是在讨论谋反的事情。"

刘邦听了之后，面色凝重，便问张良如果真是这么严重，该怎么办？

张良想了一下，便先反问刘邦说："在这些一起打天下的部将当中，你最讨厌的人是谁？这个人不被陛下喜欢的原因，最好又是大家所熟知的事。"

刘邦回答说："雍齿常常捉弄我，他是我最讨厌的人，我想这也是大家早就知道的事情吧。"

张良马上提出建议："那么，今天就先将雍齿封为王侯。这样一来，我看就可以解除一些不必要的疑虑，安定大家的心了。"

刘邦采纳了张良的建议，立刻宣布将雍齿封为"什邡侯"。

这件事果然在众多还未被正式封官晋爵的部将之间起了微妙的作用。在这些人的心里或许认为，连皇帝最讨厌的人都有糖吃了，我们还有什么好担心的呢？于是，君臣之间的紧张关系果然得到了暂时的缓解。

人与人之间的种种猜忌，往往是因为互不信任所引起的。为什么会互不信任？是因为彼此没有给对方足够的信任，尤其是在有关利益分配的问题上。

猜忌是因为生怕得到不公平的待遇，不安则是无法掌握不确知的情况和大局。张良这招"丑猫都能得道，忠狗何须担心升天"的手法，定下了分配的标准，给足了诸将的信心，当然可以暂时缓和不安的气氛，维持和谐的局面。

上司和下属之间很容易产生误解，形成隔阂。一个有谋略的领导，常常能以巧妙的方法，显示自己用人不疑的气度，使得疑人不自疑，而会更加忠心地效力于自己。

为下属承担责任

俗话说"大树底下好乘凉,"倘若你能给你的属下提供一个乘凉的好地方,那么你的属下将会由于你的施恩而"报效"于你。

魏扶南大将军司马炎,命征南将军王昶、征东将军胡遵、镇南将军毋丘俭讨伐东吴,与东吴大将军诸葛恪对阵。毋丘俭和王昶听说东征军兵败,便各自逃走了。

朝廷将惩罚诸将,司马炎说:"我不听公休(傅嘏字)之言,以至于此,这是我的过错,诸将何罪之有?"

雍州刺史陈泰请示与并州诸将合力征讨胡人,雁门和新兴两地的将士,听说要远离妻子去打胡人,都纷纷造反。司马炎又引咎自责说:"这是我的过错,非玄伯(陈泰字)之责。"

老百姓听说大将军司马炎能勇于承担责任,莫不叹服,都想报效朝廷。司马炎引二败为己过,不但没有降低他的威望,反而提高了他的声望。

如果司马炎讳败推过,将责任推给下属,必然上下离心,哪还会有日后的以晋代魏的局面呢?

将帅的威信从律己中来,这是一个既浅显又深奥的道理。"身不正则令不从,令不从则生变。"对于雄霸天下的人来说,有了这种威信,就有了感召天下的力量源泉。

在领导者眼中,你即是"头头",你的下属犯错,即等于你犯错,起码你是犯了监督不力或用人不当的错误。

做下属的最担心的就是做错事,尤其是费了九牛二虎之力后却依然闯了大祸的事,因为随之而来的便是惩罚问题、责任问题。而生活原本就是一连串的过失与错误,再仔细、再聪明的人也有阴沟翻船的时候。可翻了自己的小船便也罢了,而一旦不小心捅漏了多人共同谋生的大船,也就真有可能弄个"吃不了兜着走"的下场。因此,没有哪个人不害怕承担责任的。

大多数上司在处理下属的失误和错事的时候,总是提出各种理由为自己开脱,唯恐遭到连累,引火烧身。却殊不知既然是他人的"上司",那么下属犯错,即等于是自己的错,起码是犯了监督不力和委托非人的错误。

何况上司的责任之一，就是教导下属如何做事。

所以，作为上司，在下属闯祸之后，首先要冷静地检讨一下自己，然后将他叫来，心平气和地分析整个事件；告诉他错在何处，最后重申他的宗旨——每一个下属做事都该全力以赴，漫不经心、应付差事是要受惩罚的。当然，还要让他明白，无论如何，自己永远是他们的后卫。

不分青红皂白，无论下属的过错是否与自己有关都大发雷霆，那种"我早就告诉你要如何如何"或"我哪里管得了那么多"之类言语，不仅使下属更不敢于正视问题，不再感到丝毫内疚，而且为日后下属同上司大闹情绪理下了隐患，甚至使上司永远失去大家的信任。

所以，当下属在工作中犯了错误，受到大家的责难，处于十分难堪的境地时，作为上司，不要落井下石，更不要找替罪羊，而应勇敢地站出来，实事求是地为下属辩护，主动承担责任。

掌控能力比你强的下属

汉高祖刘邦平定天下之后，在洛阳的庆功宴上就曾说过这样的话："夫运筹于帷幄之中，决胜于千里之外，吾不如子房；镇国家，抚百姓，给馈饷不绝粮道，吾不如萧何；连百万之军，战必胜，攻必取，吾不如韩信。此三者，皆人杰也。吾能用之，此吾所以取天下也。项羽有一范增而不能用，此其所以为我擒也。"

刘邦还是很有自知之明的，他知道自己不是全才，在很多方面不如自己的下属。他之所以能打败不可一世的楚霸王项羽，一统天下，是因为重用了一些在某些方面比自己能力更强的人。而恰恰是在这一点上，刘邦表现出了一个统帅最值得称道的品格和能力。

打天下如此，干其他事业也莫不如此。

美国钢铁大王卡内基的墓碑上刻着一行字："这里长眠着一位先知，他勇于用比自己能力强的人才。"这句话一语道破了上司应有的管理品质。工作中下属是能人的现象随处可见，否则就会像九斤老太说的那样"一代不如一代"。然而上司对待能力高强的下属的态度却千差万别，这些不同的态度和做法，不仅影响着能干的下属的命运，同样也影响着自身利益。因此，作为一个上司，要善用能力比自己强的下属。

能力强的人的可贵之处就在于有主见、有创意，不随波逐流，不看别人的眼色行事。他们创造力强，能为组织带来绩效，为上司开创局面，甚至其能力超过上司。既是创新开拓就难免与传统、权威相悖，甚至也可能与上司合不来。任何发明创造、改革进取都不能保证百分之百的成功，错误与失败在所难免，甚至失败多于成功。上司用强于自己的人要有"大肚能容，容天下难容之士"的雅量，才能大业能成，成常人难成之举。

以欣赏的心态来看待有能力的人。要平和积极地对待表现出色的下属，不要有嫉妒心理。如果有嫉妒心理，就会有许多过激的行为和语言产生，这将大大影响到上司自身的形象和声誉。以欣赏的心态来看待下属，这样下属不仅会有自豪感和荣耀感，而且也会积极地把能力发挥出来，而上司自身也会受到下属尊重、信赖和佩服，大家就会团结起来，积极的工作，于是工作效率便会大大提高。因此说，下属能力强是值得高兴的事情，有能力要比没有能力好得多，因为能力强人可以做好多工作，而且可以做一般人做不了的工作，解决一般人解决不了的问题。

对待有能力的下属要把握三点：一用、二管、三养。

第一是要用。给他挑战性的工作，千方百计地调动他的积极性，让他们出色地完成工作，让他们的能力得到发挥，让他们的才华得到施展，给他们以成就感，只有这样才能留住他们，不然，离去是迟早的事情。

第二是要管。能人毛病多，恃才傲物，有时甚至爱自作主张，因此，必须要管，要有制度约束，要多与之进行思想交流，力争达成共识和共鸣。目的在于相互了解，防止因误解而导致麻烦和损失。

第三是要养。如果人是鱼，组织就是水，而这个组织就是由组织中的每一位成员组成，也包括能力强的人自己。因此除了要引导他们少说多做，做出成绩外，还要善意地有艺术性地帮他改掉毛病，同时也要教导组织成员解放思想、更新观念，见贤思齐，使组织形成团结合作积极进取的健康氛围，这样一来再引导他们和组织成员融合在一起。其实只要组织健康良好，自然就能留住能人，而且还会培育出更多的能人和吸引组织外的能人进来，使组织成为一个聚贤的宝地。养还包括荐举能人和培养人才，为自己的升迁做准备。

因此，如果你真心希望你的下属能够各尽其才、各显其能，为你的事业而奋斗，就必须敢于起用他们，让他们的才华，铸就你事业的辉煌。

运用"夹心饼"批评艺术

英国小说家毛姆有一句话很有名："人们嘴上要你批评他，其实心里只要赞美。"

批评下属是一件不太轻松也不容易的事情，有时会令那些缺乏管理知识和经验的上司感到无所适从。但是，如果上司不懂得如何批评下属，就有可能降低部门的工作效率，甚至影响整个团队的工作情绪。

批评是引导，是一种警醒性的引导。因此，上司在对下属进行批评时，一定要讲究方式方法，讲究批评的艺术。

这里有一个简单的妙方：有褒有贬。在批评他的错误和指出其不足的同时，不忘对他的成绩给予肯定。

乔治·本在这个方法的运用上是位专家。他所发明的"夹心饼"法，真是让人拍案称绝。这种方法就是，把你所要批评的东西作为一种馅，放在两件值得表扬的事的中间："公司不能没有你，我希望你能明白自己的位置，我们大家对于你的工作寄予厚望！"

显而易见，上面所举的"夹心饼"例子，就是把批评作为馅夹到两件值得表扬的事之间，这样不至于让受批评者感到尴尬和难受，同时又不伤害作为一个重要职员的自尊。受批评者既明白了自己的错误之所在，又认识到自身存在的重要性，在改正错误后，就会更加努力地工作。

美国著名的女企业家玛丽·凯·阿什在对待员工工作中出现的问题时，采取的做法就是"先表扬，后批评，再表扬"的"夹心饼"批评艺术。这就是说，无论批评什么事情，必须找点值得表扬的事留在批评前和批评后说，决不可只批评不表扬，这是玛丽·凯·阿什严格遵循的一个原则。

她说："批评应对事不对人。在批评前，先设法表扬一番。在批评后，再设法表扬一番，力争用一种友好的气氛结束谈话。如果你能用这种方式处理问题，那你就不会把对方臭骂一顿。有些人认为，经理应当把怒火发泄出来，让对方吃不了兜着走，决不可手软，发泄过了以后，以一句带有鼓励对方的话结束谈话。尽管一些研究管理办法的顾问鼓吹这种办法如何如何有效，但是我不敢苟同。你要是把人臭骂一顿，那他也必定吓得浑身哆嗦，绝不会听到你显然是骂够了之后才补充的那句带点鼓励的话。这是毁灭性的批评，而不是建设性的批评。"

批评下属时，最好不要当众责备。可是，有些上司比较容易冲动，特别是看到下属犯了比较严重的错误，严重影响全体的时候，就可能按捺不住火气，当众责骂起下属来。这时，就好像是"丢了羊"一样。为了防止继续"丢羊"，就必须立即采取"补牢"的措施，使你因一时冲动而产生的副作用减到最小。

俗语说"打人一巴掌再给一个甜枣"，虽然不能轻易地"打一巴掌"，但既然"打"了，给与不给"甜枣"的效果便大不相同。这是一个不是办法的办法，当你一时冲动当众责备了你的下属时，不妨一试。

第十五章

掌控客户，钓住那条大鱼

客户就是我们的"上帝"，对我们事业的成功具有至关重要的作用。与客户交往要讲究谋略。学会如何向客户不知不觉地施加影响力，对客户进行"催眠"，你就掌控了客户，钓到客户这条大鱼，为你的事业增加充实的储备。

知道他想要什么

能否成功说服客户，研究客户的心理是关键。再诱人的语言也没有比能得到用户从心理上认同更为重要，要在销售上取得成功，那就要针对客户的购买心理，攻心为上。

周末的黄昏，许多青年男女伫立街头。他们中间有不少人是等待与情侣相会的，有两个擦鞋童，正高声叫喊着以招徕顾客。其中一个说："请坐，我为您擦擦皮鞋吧，又光又亮。"另一个却说："约会前，请先擦一下皮鞋吧！"结果，前一个擦鞋童摊前的顾客寥寥无几，而后一个擦鞋童的喊声却收到了意想不到的效果，一个个青年男女都纷纷请他擦鞋。

这究竟是什么原因呢？

我们听到第一个擦鞋童的话，尽管他的话礼貌、热情，并且附带着质量上的保证，但这与此刻青年男女们的心理差距甚远。因为，在黄昏时刻去"买"个"又光又亮"，显然没有多少必要。人们从这儿听出的印象是"为擦鞋而擦鞋"的意思。

而第二个擦鞋童的话就与此刻青年男女们的心理非常吻合。一句"约会前，请先擦一下皮鞋"，真是说到了青年男女们的心坎上。可见，这位聪明的擦鞋童传送的是"为约会而擦鞋"的温情爱意，一下子就抓住了顾客的心，因而大获成功。我们也该从中受到启发，研究心理，察言观色，得到准确的无形信息，才能知己知彼，百战百胜。

只有弄清楚客户的真实需求，才能迈出成功推销的第一步。在推销的过程中，客户接受推销信息宣传、购买推销商品大致因为以下几种需要：

第一，便利心理的需要。客户普遍要求在购买商品时享受到热情周到的服务，要求合适的购买时机和购买方式，得到携带、使用、维修及保养等方面的便利。

第二，爱美心理的需要。俗话说，爱美之心，人皆有之。这句话说的便是客户追求美的消费心理需求。随着社会文明的不断进步和人民生活水平的不断提高，人们的审美要求也随之水涨船高。

第三，好奇心理的需要。许多客户对一些造型奇特、新颖的商品，以及刚投入到市场的新式产品或服务活动，会产生浓厚的兴趣，希望马上能够购买和使用。

第四，求实心理的需要。这一类客户在选择厂家和购买商品时，比较注意是否经济实惠、物美价廉。尤其是他们对产品价格的变化十分敏感。

第五，从众心理的需要。这是一种赶时髦、追新潮、紧跟时代潮流的心理需求。在现代社会，人们受社会舆论、风俗习惯、流行时尚的引导，所见所闻对他们的需求触动很大，致使一般的客户都会迎合时尚。

第六，特殊心理的需要。有这种心理的客户大都希望自己在判断能力、知识层次、经济地位、价值观念等方面高于他人，独树一帜。

值得强调的是，客户的购买需要是多种多样的，一个人往往受几种消费心理的左右和支配。"购买需要"是一个弹性很大的因素，在考察和分析客户的购买需要时，要充分考虑到重要的突破口，这才有利于提高自身的业务水平和企业适应市场变化的应变能力。

在拜访过程中必然要与客户进行面对面的沟通与交流。没有充分的接触和准备，你就无法知道将要面对的是一个什么样的客户，该为他提供怎样的商品，也无从知晓从什么途径、用什么方法赢得客户的信任。

借用第三者的影响

在很多时候，为了说服客户，如果只靠我们个人的力量会十分困难，但是如果巧借第三者的言语或威信，那事情就会变得很好办了。

有一吸尘器推销员，他知道某公司的经理与某局长是老相识，便打听到经理的住处，提一袋水果前去拜访，非常巧妙地说了几句这样的话：

"这次能找到您家，是得到了王局长的介绍，他请我代他向您问好……"

"说实在的，第一次见您就使我十分高兴……听王局长说，你们的公司还没有吸尘器……"

第二天，他再向该公司推销吸尘器便成功了。这位推销员的高明之处是有意撇开自己，用"得到了王局长的介绍"这种借人口中言，传我心腹事，借他人之力的迂回攻击法，令对方很快接受。

社会纷繁复杂，真真假假、虚虚实实，没有人能时刻保持那么高的警惕去辨别真假。因此，很多人就可以抓住机会，获得成功。

一天，一位办理房地产转让的房产公司推销员来到一位朋友家，彼此一番寒暄客套之后，就听他讲开了：

"此次幸会，是因为我的上司赵科长极为敬佩您，叮嘱我若拜访阁下时，务必请先生您在这本书上签名……"边说边从公文包里取出这位朋友最近出版的新著。于是这位朋友不由自主地信任起他来。在这里，赵科长的仰慕和签书的要求只不过是个借口，目的是对这位朋友进行恭维，使他开怀。

此种情况，由不得人家不照他的话去做。这种办事的手段，确实令人难以招架。

素不相识，陌路相逢，要让所求之人了解你是他朋友的朋友，亲戚的亲戚，虽然十分牵强，但一般人不驳朋友的面子，也不至于让你吃闭门羹。这是一条与客户建立亲密关系的捷径。

在与客户打交道时，通过第三者的言谈，来传达自己的心情和愿望，在办事过程中是常有的事。人们会不自觉地发挥这一技巧，比如："我听同事老张说，您是个热心人，求您办这件事肯定错不了……"等等。但要当心，这种话不是说说而已的，也不能太离谱，一定要事先做些调查研究。

为了事先了解对方，可向他人打听有关对方的情况。第三者提供的情况是很重要的，尤其是与被求者的初次会面有重大意义时，更应该尽可能多地收集对方的资料。但是，对于第三者提供的情况，也不能尽信，还要根据需要有所取舍，结合自己的临场观察、切身体验灵活应用。同时，还必须切实弄清这个第三者与被托付者之间的关系。否则，事情很可能就办不好。

来者不拒，因人而异

在生意场上，总会接触到各种各样的客户，他们的素质、风格和处事的方式肯定是不一样的。面对这种情况，你就要学会运用多种方法去应对，一般情况下，这些客户大致可分为如下几类人，因而应对的方法也要因人而异。

1. 对待精明的客户

这类客户大多数是生意场上的老手，特别不好对付。如果你不答应他的条件，他就会说"我要走了"这样的话，用来对你施加压力。他认为这样施加压力后，你就会答应他的苛刻条件。

对于这类客户不能太让步。因为你越让步，他就会抓住你的弱点，使你吃一个大亏。对于他们只能据理相争，但也要给他一个台阶，让他从不买这个台阶上下来。对这类客户，既应当有礼貌，又不放他走，这就需要用话把他说服。

可以对他说："先生，要走了，明天来了别后悔呀，到明天，或许价格就涨了呢，你没看见这几天货是一天比一天价格高吗？再说我这商品又不错，您也喜欢，何必走呢，来，咱们好好商谈一下，怎么样？"

2. 对待没有主见的客户

通常这类客户做什么事都没主见，总是依赖别人，依赖他所信任的人。他们总是把自己当成一个小孩看待，每做一件事，都要和家里人商量，或他所熟悉的人、信任的人商量。有时这类人爱凑个热闹。

由于这种人没有主见，总希望与一个有主见的，且可信任的人商谈，给他们一些意见，然后他们才去做某件事。

根据这一点，你可先和他们聊天，也就是先取得他们的信任，最后再询问他们"要不要"。这样就为后面埋下了"信任"的伏笔。

由于你对于这类客户来说是有主见的、可信任的人，他就会听从于你的意见，这样就有可能成交了。

可以这样对客户说："先生，这些商品就在您的眼前，您又觉得很满意，为什么要和别人商量呢？难道还有人比您更加清楚我的商品，以我之见，您就开个订货单吧！您觉得怎么样？"

3. 对待沉默寡言的客户

有的客户话比较少，总是问一句说一句，这不要紧，即使对方反应迟钝也没什么关系，对这种人该说什么最好就说什么。这种不太随和的人说话也是有一句是一句，所以反而更容易成为那种忠实的顾客。

4. 对待知识渊博的客户

知识渊博的人是最容易面对的客户，也是最易使商务人员受益的客户。面对这种客户要多注意聆听对方说话，这样可以吸收各种有用的知识及资料。同时，还应给以自然真诚的赞许。这种人往往宽宏、明智，要说服他们只要抓住要点，不需要太多的话，也不需要用太多的心思，仅凭此能够达成交易，当然是理想不过了。

5. 对待爱讨价还价的客户

有些人对讨价还价好像有特殊的癖好，即便是一碗面、一斤菜也非得要讨价还价一番不可。这种人往往为他们讨价还价而自鸣得意，所以对这种抱有金钱哲学的人有必要满足一下他的自尊心，在口头上可以做一点适当的小小的妥协，比如可以这样对他说："我可是从来没有以这么低的价钱卖过的啊。"或者："没有办法啊，碰上你，只好便宜卖了。"这样使他觉得比较便宜，又证明了他砍价的本事，他是乐于接受的。

6. 对待疑心重的客户

这种人容易猜疑，容易对他人的说法产生逆反心理。说服这种人的关键在于让他了解你的诚意或者让他感到你对他所提的疑问的重视，比如："您的问题真是切中要害，我也有过这种想法，不过要很好地解决这个问题，我们还得多多交换意见。"

7.对待顽固的客户

对于那些顽固的客户，则要装出一种漫不经心的样子，用漠不关心的口气与他们进行推销说明。说明后，客户不表态，就漫不经心地谈论生意上别的有趣的事，再不提这次推销的目的。客户会被你这种方式所吸引，产生好奇，这样你再说你的商品推销的客户是有特殊条件的，你的不关心说明客户不符合条件。客户为了表示自己符合此条件，就会执着地买你的商品。

懂得如何与各种性格类型的客户交往，投合客户的心意，在与客户相处时占据主动，会使你的事业无往不利。

激起客户的购买欲望

在你的推销过程中，恰当地给客户造成一点悬念，让客户有点紧迫感，产生一种现在是购买的最佳时机的感觉，能促使他与你立即成交。

有一位推销员，他的室内空调机的销量始终在业务部排名第一。他从不滔滔不绝地向客户介绍空调机的性能和优缺点，他认为一个人购买一种产品并非完全因为东西好才想着要拥有，而是在有了对产品的需求后才会感到东西好。因此，他在向客户推销他的产品的时候并不说"这么炎热的天气，如果没有空调，实在是让人受不了"之类俗套的话，而是把有购买潜力的客户，当成刚从烈日下回来满头大汗的人，"诱导"他们进入到一间没有冷气的房间里，然后说："您工作劳累了一天，又在烈日炎炎下回到了家，迎接您的是一间更加闷热的蒸笼；推开窗，没有一丝凉风；打开风扇，迎面而来的是一股股的热浪。这使得您原本就疲劳的身体更加烦闷燥热。这种时候，您想过没有，假如您一进家门，迎面吹来的是阵阵凉爽的风，生活该有多么惬意啊。为什么不享受生活呢？"

这位推销员的成功之处就在于，在进行关于产品介绍的时候不以产品常规的物理性能为限，而是在产品性能的基础上勾画出可以预见的舒适情境，增强了产品更为人性化的吸引力。

有的客户对商品的各方面都还基本满意，且资金上也支付得起，就是不知什么原因，使他总觉得往后是否会出什么问题而举棋不定，迟迟不敢下定决心。激将法对这种客户尤其有效。

你可以这么说："先生，世界上就是有这样的情况。一个人对他愈是感兴趣，愈是喜欢的东西，愈是不敢勇敢地去追求并争取拥有它。我想这是一种很可悲的情况。"

"是啊，自己认为有价值，有意义的东西，怎能不去努力追求呢？但就是有这种人，我认为他们的生活实在是没多大意义。至少可以说他们是没勇气的。为什么不去努力争取它呢。这将会使你活得更充实,更有意义。"

"我想，先生您一定不是这种人吧。如果您觉得这种商品还行的话，就行动起来吧。"

经过这样一激，客户往往就不会再继续保持沉默了。

在与客户交谈时，给他提供一些经过适当夸张处理的市场信息或与商品有关的行情等，让客户依照你提供的信息赶快采购商品。

比如你可以这样说："这种商品的原材料已经准备提高价格了，所以这种商品也将会因此而价格上涨的。"或者说"我公司从下个季度开始可能会因人手不够而减少这种商品的供应量。"

这种方法就是积极主动地去刺激客户，调动起客户的购买欲。这在推销过程中是很重要的。如果你只是一味等待客户来与你洽谈，让主动权掌握在客户手中，你的推销工作将不会成功。

让他感觉占了便宜

在客户的心目中，卖家总是占便宜的，作为客户当然希望少花钱、多办事。反过来,如果你能利用人人都想占便宜的心理,你也就能取得主动权,获取利润。

某兄弟俩开了一家服装店，哥哥当老板，弟弟当伙计。弟弟把一个个客户揽进店里，介绍优点，让客户试衣服。试上一阵子,客户往往会随口问:

"这件衣服多少钱？"这时，弟弟就把手放在耳朵旁装聋，并大声反问一句："你说什么？"

"这衣服多少钱？"客户又高声重复一遍。

"噢，价格吗，待我问问老板。对不起，我的耳朵不大好。"

他转身向坐在柜台前的哥哥大声叫道："老板，这件全毛服装定价是多少？"

老板抬起头，看了客户一眼，答道："那套吗？七十二元！"

"多少？"

"七——十——二——元！"老板一板一眼地喊道。

于是，弟弟回过身来，微笑着对客户说："先生，四十二元！"

客户以为那"聋伙计"弄错了，自己走了运，赶紧掏钱买了溜之大吉。

其实，那件衣服并不值四十二元。

人们在消费时总是存在心理上的不平衡，总是认为自己是吃亏的。在不同商场中摆放的同样的物品，仅仅一方标注的是处理品，另一方是正品，价格便有差异，消费者往往容易购买处理商品，尽管有些并不是自己必需的。实际上，商家走的是薄利多销的路子。这也是利用客户贪小便宜的心理。

布鲁斯·艾里斯是美国内华达州房地产专家，认为有时候自我贬低的果断的说法往往出奇制胜。

在房地产业务中，经常需要用你的车带客户去看房子，不要斤斤计较，为省汽油而乘客户的车去。在他们的车里你没有主动权，他们能够决定什么时候结束参观，因为他们时刻都保持着主动权。

在去看房子的路上，不要选择沿途破败不堪的路走，要选择景色优美的路线。不要把有限的时间用在闲谈上，而要否定地消极地去谈这幢房子："它确实价值不菲，还需要内外喷漆、刷浆。"

如果那房子不好，把它说得更糟——墙已变得这样，地毯还需要那样，草坪上的草有这么高，真的需要大费周折，条件真是坏透了，不过我可以告诉你，价钱要比普通市价低 12000 美元。

当他们到达时，他们会为这个价格感到兴奋，当看到房子时更会抑制不住地说："你知道，它并不是那么糟糕。"

如果你事先没有告诉他们，他们会在接下来的 15 分钟向你唠叨不停、怨声载道——他们不得不为维修付一大笔钱。

当客户看房子时，让客户随时随地告诉你任何他们不喜欢的地方。去感觉他们最满意的部分——优雅的书房、可爱的厨房、就餐室，看完所有的部分后再返回去找最吸引他们的地方，要使他们最后的记忆变得美好。

你知道厨房有一个微波炉，但你并不指出来，说："嗨，这房子具备你们所想要的所有特点——可爱的书房，完全现代化的厨房，几乎应有尽有，等一下，我不记得是否有个微波炉，你注意到了吗？"

如果他没有发现，让他返回到厨房，然后他会对你说："嘿！这儿有个微波炉，它竟然还带着个微波炉！"

让客户自己发觉占了便宜，你就更容易达到你的目的。

设个"圈套""引诱"客户

美国的一位著名推销员贺伊拉说："如果你想勾起别人吃牛排的欲望，把牛排摆在他的面前固然可以，但是最令人无法抗拒的是煎牛排的'吱吱'声，这会令他的脑海中马上浮现出牛排在黑色的铁板上的香味四溢的画面。而这是对他最直接、最有效的刺激。"所以，要想成功吸引客户，不妨设个"圈套"，引诱客户，让他尽快地与你成交。

某营销员正在推销甲乙两座房子，他想卖出甲房子，因此他在和客户交谈时说："您看这两座房子怎么样？现在甲房子已经在前两天被人看中了，要我替他留着，因此你还是看看乙房子吧，其实它也不错。"

客户当然两座房子都要看，而营销员的话语也在客户心中留下了深刻的印象，产生了一种"甲房子被人看中，肯定比乙房子好"的遗憾。

这里，营销员已经很成功地设下一个圈套，也可以说是出色地完成了整个营销工作的一半了，就等客户来钻这个圈套。

过了几天，营销员兴高采烈地找到客户，说："你现在可以买甲房子，你真是幸运，以前订甲房子的客户由于钱紧，只好先不买房了，于是我就把这所房子留给了你。"

听到这，客户当然很高兴自己能有机会买到甲房子，现在自己想要的东西送上门了，眼下不买，更待何时，因此，买卖甲房子的交易很快达成了。

在这个例子中，营销员稳稳地掌握住客户的心理，通过设圈套把客户的注意力吸引到甲房子上，又给他一个遗憾，甲房子已被订购，刺激起了他对甲房子更强的占有欲，最后很轻松地就让客户高高兴兴地买下了甲房子。令人叹服！

在商场上，欲擒故纵也是一种高明且极有效的"圈套"策略。

路华德是美国著名的萨娜·卢贝百货公司的总经理，以高超的生意手段著称于世。

有一次，他为了推销一种档次不高的花布，特地为当地社交界最有名的两位妇人做了两件款式独特的衣服，两位夫人看到衣服后，很满意这种款式，于是在一次游园会上穿着衣服到处游玩，立刻引起当地妇女的羡慕。当游园会结束时，很多妇女都拿到一张通知单，上面写着：瑞尔夫人和泰姬夫人所穿的新衣料，将是今年最流行的花式，本公司有售。第二天当闻风而来的客户争相到萨娜·卢贝百货公司买这种衣料的时候，路华德又在厂门口贴上了一张大告示，上面写着：衣料已售完，但为了满足客户的需要，明日有新货进来。布店的营业员则一本正经地对前来购布的客户解释说，这种法国衣料原料不多，难以充分供应等等。这些妇女听后，唯恐第二天来了仍然买不到，便纷纷预交货款。

路华德在此次经营中，就非常恰当地运用了欲擒故纵的销售技巧，成功地达到自己的销售意图。

无法想象的掌控术

每个人都爱面子，都有虚荣心和自尊。满足客户的虚荣心，可以轻松地达到自己的目的。

米开朗琪罗是一位伟大的艺术家，也是一位对人性透彻了解的哲人。早在几千年前他就懂得利用别人的虚荣心满足自己的需求。

米开朗琪罗曾经替当时一位声名显赫的买主雕塑一座巨大的石像。历时几个月后，当石像接近完工时，买主过来一面观看，一面提出了自己的想法。他认为石像的鼻子部分不能让他满意，他希望米开朗琪罗能依照他的想法，考虑看看能否重新修改已经接近完成的石像。

米开朗琪罗的回答十分爽快，他立刻爬上梯子，用锤子在石像的鼻子部分，不停地敲打起来，弄得自己汗流满面。下了梯子后，他来到买主的身旁，仰头看着修改后的石像，用充满惊喜的语气说道："确实，依照您的想法修改完后，感觉好多了！"米开朗琪罗的这番行动和语言，让挑剔的买主的态度立刻转了180度的弯，转而赞美米开朗琪罗的手艺，称赞能在一会儿的工夫，就能按照客户的想法改变石像的整体感觉，使它更为完美。于是立刻接受了米开朗琪罗的作品，而没有让他几个月的辛苦付诸流水。

赞美别人也是满足别人虚荣心的有效方式。只要你懂得适当地赞美别人，让客户感到愉悦舒坦、风光而又有面子，你的生意就有了保障。

一家药房的老板，是"给人面子"的高手。他这种"给人面子"招呼客人的礼节分为两次。第一次是当客户一进门，他就马上起身迎接，满脸带着笑容，诚心诚意地说："欢迎光临。"每个进门的客人听到这种愉悦的问候，全都感到非常舒坦，因此也不由得回礼，药房老板当对方回礼的时候，又再次向对方作揖行礼。

店主人如此这般地向客户打招呼，客户内心一定会产生被人重视的满足感。

接下来，药房老板更进一步运用"给人面子"的策略；例如说些"你看起来真年轻！"或是"你身上穿的这套衣服很漂亮"之类令人听了舒坦又温馨的话。

此外，这位药房老板更是遵守"不卖药给来买药的客户"这种信念与原则。当客户被客气地招呼过，倍感舒坦地说："请给我一瓶感冒药。"药房老板绝不会立刻递上感冒药，他反而改口说："您是哪里不舒服？"倘若顾客回答"喉咙痛"，药房老板马上紧接着说："这样子的话，最好不要服用感冒药。"然后他就不卖药给客户。这时，客户一定对药房老板不卖药的举动大感疑惑而纳闷地问："那么应该如何才好？"

药房老板就会说："您看起来工作非常繁忙，与其吃药，不如以营养剂来强健身体，对你的感冒会更有益。"药房老板就这样轻而易举地说服客户来购买维生素或蜂王乳等营养剂。说别人忙也是对别人的一种赞美，因为忙往往意味着赚钱。

客户因为药房老板的赞美，也就欣然接受建议，况且营养剂给人的印象的确是比药品来得好。营养剂的价钱胜过药品数倍，就是这种策略，使得老板卖出了更多的营养剂，药房生意也就一直非常好。

马斯洛的层次需求理论认为，自尊和自我是一个人较高层次的需求，它一般表现为荣誉感和成就感。而荣誉和成就的取得，还须得到社会的认可。赞扬的作用，就是把他人需要的荣誉感和成就感，拱手相送到对方手里。当对方的行为得到你真心实意的赞许时，他看到的是，别人对自己努力的认同和肯定，从而使自己渴望别人赞许的动机在荣誉感和成就感接踵而来时得到满足，从而在心理上得到强化和鼓舞。

当你面对潜在的客户时，不妨多说几句赞美、感谢的话，留下一些友善的小小火花。你将无法想象，这些小小的火花如何点燃起对方接纳你的热情火焰，这些火焰必将照亮你推销的前程。

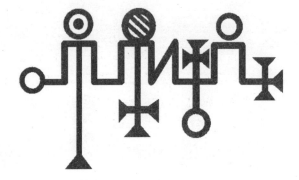